2018年度交通运输行业重点科技项目
安徽省交通运输厅重点科技项目

安徽省高速公路施工安全防护设施配置标准化手册

钱东升　王宏祥　陈宗伟　等　编著

人民交通出版社股份有限公司
北　京

内 容 提 要

本书归纳总结了安徽省高速公路施工安全防护经验做法,通过系统分析近年来安全生产相关的法律法规及标准规范等,针对施工安全生产薄弱环节和事故易发多发部位,明确了临时设施设备、路基路面工程、桥涵工程、隧道工程以及改扩建工程施工现场安全防护设施配置要求。本书针对不同的分部分项工程,提出了安全防护设施配置标准化要点、安全防护设施目录、安全防护设施示意图、安全防护设施现场图四个方面的标准化技术要求。

本书可作为公路工程建设施工安全管理相关人员的参考书,也可供相关专业院校的师生学习参考。

图书在版编目(CIP)数据

安徽省高速公路施工安全防护设施配置标准化手册/钱东升等编著. — 北京:人民交通出版社股份有限公司,2021.12
 ISBN 978-7-114-17372-1

Ⅰ.①安⋯ Ⅱ.①钱⋯ Ⅲ.①高速公路—施工现场—安全防护—工程设施—标准化—安徽—手册 Ⅳ.
①U415.12-65

中国版本图书馆 CIP 数据核字(2021)第 106389 号

Anhui Sheng Gaosu Gonglu Shigong Anquan Fanghu Sheshi Peizhi Biaozhunhua Shouce

书　　名	安徽省高速公路施工安全防护设施配置标准化手册
著 作 者	钱东升　王宏祥　陈宗伟　等
责任编辑	潘艳霞
责任校对	刘　芹
责任印制	张　凯
出版发行	人民交通出版社股份有限公司
地　　址	(100011)北京市朝阳区安定门外外馆斜街 3 号
网　　址	http://www.ccpcl.com.cn
销售电话	(010)59757973
总 经 销	人民交通出版社股份有限公司发行部
经　　销	各地新华书店
印　　刷	北京市密东印刷有限公司
开　　本	880×1230　1/16
印　　张	7.25
字　　数	189 千
版　　次	2021 年 12 月　第 1 版
印　　次	2021 年 12 月　第 1 次印刷
书　　号	ISBN 978-7-114-17372-1
定　　价	60.00 元

(有印刷、装订质量问题的图书由本公司负责调换)

本书编写组

主　　任：钱东升　王宏祥　陈宗伟

副 主 任：黄学文　苏新国　张　宇　吴林松
　　　　　吴忠广

编写人员：吴建民　许泽宁　孙狂飙　章　征
　　　　　尤　吉　王重阳　史砚磊　张好智
　　　　　王　伟　李　娟　田万利　景彦平

自　　序

安全生产是一个亘古不变的话题。党的十八大以来，以习近平同志为核心的党中央高度重视安全生产工作，习近平总书记围绕树立安全发展理念、弘扬生命至上思想发表一系列重要论述，立意高远，内涵丰富，思想深邃，为我们做好新时期安全生产工作指明了前进方向、提供了根本遵循。

交通运输服务行业的安全生产工作连着千家万户，关系家庭的幸福和社会的和谐。作为交通行业一员，安徽省交通控股集团有限公司始终牢记习近平总书记关于安全生产工作的重要论述，坚持以人民为中心的发展思想，坚持系统观念，统筹好安全和发展，统筹好工程质量、安全、环保和进度，不折不扣落实企业安全生产主体责任，建立健全全员、全过程、全方位安全监管体系，切实将安全发展理念融入企业改革发展实践。我们坚持发展是解决一切问题的关键，在发展中不断创新安全生产理念、思路和手段，在破解难题中不断提升安全生产工作水平。

从 2017 年开始，安徽省交通控股集团有限公司联合交通运输部科学研究院共同开展高速公路施工安全标准化技术攻关，并被列入"2018 年度交通运输行业重点科技项目清单"。经过多年的系统研究和多个项目的试点应用，最终编制形成《安徽省高速公路施工安全防护设施配置标准化手册》（以下简称《手册》）。

《手册》以降低施工安全风险、预防和减少生产安全事故为目标，在坚持安全可靠、经济适用原则基础上，做到了安全防护设施配置标准化要点、安全防护设施目录、安全防护设施示意图、安全防护设施现场图"四个统一"，将以最大效能指导现场安全防护设施标准化配置和应用，显著提升了高速公路施工安全防护标准化建设能力。《手册》最大的特点就是来源于实践、应用于实践，先后在安徽省合安高速公路改扩建、合宁高速公路改扩建、池祁高速公路、滁天高速公路、芜黄高速公路等项目中试点应用，不仅包含了对高速公路施工安全特点和规律的把握，更凝结了来自广大一线交通建设人的行业智慧，兼具理论性与实践性。在全国高速公路建设如火如荼、蓬勃发展的当下，《手册》的出版发行，将为全国高速公路建设行业推进施工安全标准化管理水平提供"交控智慧"、贡献"安徽经验"。

如今，《手册》业已付梓，衷心希望"安全生产"的观念能扎根在每个交通建设者的心中，风起江淮，吹遍神州。

2021 年 10 月

前 言

"十四五"时期,我国交通基础设施建设进入高质量发展和服务水平提升的新阶段。在《交通强国建设纲要》关于"提升本质安全水平"理念引领下,安徽省交通控股集团有限公司全面推进精细管理和匠心建造,持续深化标准化管理,联合交通运输部科学研究院共同开展"高速公路工程施工安全标准化技术及定额标准研究"项目研究工作。该项目已列入"2018年度交通运输行业重点科技项目清单"(项目编号:2018－MS1－020)。基于研究成果,编制形成《安徽省高速公路施工安全防护设施配置标准化手册》(以下简称《手册》)。

《手册》是在系统分析和研究近年来安全生产相关法律、行政法规、标准规范等文件,广泛调研安徽省在建的合安高速公路改扩建、合宁高速公路改扩建、池祁高速公路、滁天高速公路、芜黄高速公路等工程建设项目施工安全管理现状基础上编制而成。《手册》全面归纳总结了安徽省内高速公路安全防护典型经验做法,认真梳理分析了施工现场安全防护需求,尤其针对施工安全生产薄弱环节和事故易发多发部位,明确了施工现场安全防护设施配置的具体要求,具有科学性、实用性和可操作性。

《手册》共分为六章,涵盖了高速公路施工安全防护设施配置的基本规定以及临时设施与设备、路基路面工程、桥梁工程、隧道工程、改扩建工程的施工安全防护设施配置要求。每章节内容针对不同的分部分项工程,提出了安全防护设施配置标准化要点、安全防护设施目录、安全防护设施示意图、安全防护设施现场图这四个方面的标准化技术要求。

《手册》是对安徽省近年来高速公路施工安全管理工作经验的总结和凝练,提出的安全防护设施配置要求和做法,均在示范项目中得到了应用,对做好施工现场安全管控具有较强的实用性和指导性,可为广大工程建设人员提供参考和借鉴。但由于国家和行业新的安全管理要求不断提高、现场新的安全风险不断涌现,《手册》提出的安全防护设施配置也需不断调整提升。另外,由于编者水平有限,书中内容难免有不足和疏漏之处,敬请读者在实践中加以修改完善,并提出宝贵的批评意见。

编 者
2021 年 9 月

目 录

1 基本规定 ··· 1
　1.1 总体要求 ··· 1
　1.2 安全防护设施分类及编码 ··· 1
2 临时设施与设备 ·· 3
　2.1 两区三场 ··· 3
　2.2 个体防护 ··· 6
　2.3 标志标牌 ··· 13
　2.4 门禁系统 ··· 17
　2.5 便道便桥防护 ·· 18
　2.6 临边防护 ··· 20
　2.7 安全通道及作业平台 ··· 24
　2.8 临时用电 ··· 31
　2.9 机械设备 ··· 36
　2.10 跨线施工 ··· 44
　2.11 夜间施工 ··· 48
3 路基路面工程 ·· 51
　3.1 路基工程 ··· 51
　3.2 路面工程 ··· 54
4 桥梁工程 ··· 57
　4.1 钻孔灌注桩 ··· 57
　4.2 人工挖孔桩 ··· 59
　4.3 深基坑 ·· 60
　4.4 沉井和围堰 ··· 62
　4.5 承台与墩台 ··· 65
　4.6 梁体与桥面 ··· 69
　4.7 拱桥 ··· 73
　4.8 斜拉桥 ·· 75
　4.9 悬索桥 ·· 77
5 隧道工程 ··· 80
　5.1 洞口作业 ··· 80
　5.2 开挖作业 ··· 82
　5.3 支护与衬砌 ··· 85
　5.4 竖井与斜井 ··· 87
　5.5 TBM 施工 ··· 89

6 改扩建工程 ……………………………………………………………………………… 91
    6.1 路基工程改扩建 ………………………………………………………………… 91
    6.2 路面工程改扩建 ………………………………………………………………… 94
    6.3 桥梁工程改扩建 ………………………………………………………………… 97
    6.4 隧道工程改扩建 ………………………………………………………………… 100
参考文献 ……………………………………………………………………………………… 103

1 基本规定

1.1 总体要求

（1）为加强安徽省高速公路施工安全标准化建设，规范施工安全防护设施配置和安全管理，防范生产安全事故，编制本安全防护设施配置标准化手册。

（2）本手册依据国务院《建设工程安全生产管理条例》、交通运输部《公路水运工程安全生产监督管理办法》，国家及交通运输部发布的与施工安全防护相关的文件、标准规范及相应的施工工艺、工法等编制。

（3）本手册包括基本规定、临时设施与设备、路基路面工程、桥梁工程、隧道工程、改扩建工程的安全防护设施配置等内容。

（4）本手册未涉及或未拓展阐述的内容，参照国家及行业相关规定执行。

1.2 安全防护设施分类及编码

1.2.1 安全防护设施分类

将不同的施工对象按照临时安全防护设施设备、路基路面工程、桥梁工程、隧道工程和改扩建工程，分别进行编码分类；再将各施工对象细分为不同的防护设施功能、施工内容等，具体见表1-1。

安全防护设施分类表　　　表1-1

编　号	功　能　类　别
1.临时安全防护设施设备	1.两区三场安全设施
	2.个体防护安全设施
	3.标志标牌安全设施
	4.门禁系统
	5.便道便桥安全防护设施
	6.临边安全防护设施
	7.安全通道及作业平台安全防护设施
	8.临时用电安全防护设施
	9.机械设备安全防护设施
	10.跨线施工安全防护设施
	11.夜间施工安全防护设施
2.路基、路面工程安全防护设施	1.路基工程安全防护设施
	2.路面工程安全防护设施
3.桥梁工程安全防护设施	1.钻孔灌注桩安全防护设施
	2.挖孔灌注桩安全防护设施
	3.深基坑安全防护设施
	4.沉井安全防护设施
	5.围堰安全防护设施

续上表

编　号	功　能　类　别
3.桥梁工程安全防护设施	6.承台安全防护设施
	7.墩台安全防护设施
	8.梁体安全防护设施
	9.桥面安全防护设施
	10.拱桥安全防护设施
	11.斜拉桥安全防护设施
	12.悬索桥安全防护设施
4.隧道工程安全防护设施	1.洞口作业安全防护设施
	2.开挖作业安全防护设施
	3.支护与衬砌安全防护设施
	4.竖井与斜井安全防护设施
	5.TBM施工安全防护设施
5.改扩建工程安全防护设施	1.路基工程改扩建安全防护设施
	2.路面工程改扩建安全防护设施
	3.桥涵工程改扩建安全防护设施
	4.隧道工程改扩建安全防护设施

1.2.2　安全防护设施的编码

（1）编码表结构。

高速公路安全防护设施编码表分为3栏。

第1栏"编号"——安全防护设施编号,参照表1-1中"编号";

第2栏"功能类别"——按安全防护设施的功能进行分类确定的类别,参照表1-1中"功能类别";

第3栏"名称"——安全防护设施的名称。

（2）编号结构（图1-1）。

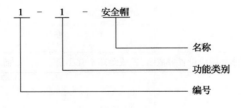

图1-1　编号结构

2 临时设施与设备

2.1 两区三场

2.1.1 两区三场设施配置标准化要点

两区三场设施配置标准化要点见表 2-1。

两区三场设施配置标准化要点　　　　表 2-1

序号	类别	配 置 要 点
1	两区三场	办公区、生活区与作业区应分开设置,且有效隔离
2		办公区、生活区房屋间距符合规范要求
3		场地进行硬化,设置排水设施
4		预留消防通道,灭火器配置满足消防要求
5		生活区、办公区宜设置在大型设备、设施(门式起重机、钢筋棚、料仓棚、储料罐等)倾覆半径的 1.5 倍范围之外
6		楼梯和外走廊应设置栏杆或栏板,其高度不应小于 1.05m。当采用栏杆时,应设置 60cm 高腰杆,以及不低于 18cm 高踢脚板
7		栏杆或拦板应做防锈处理,并刷间距为 30cm 红白相间的油漆
8		设置安全宣传教育牌,营造良好的安全氛围
9		高大设备设施作业现场应预埋地锚,大风雷雨天气时应采用缆风绳将高大设备设施如门式起重机、料罐等与地锚连接牢靠
10	拌和场	拌和楼出料口距混凝土运输车上方净高不小于 1m,两侧立柱距车辆净宽均不小于 0.5m,立柱前方应设置防撞设施
11		料仓墙体外围应设置警戒区,警戒距离不宜小于墙高的 2 倍
12		水泥罐、大棚应加设缆风绳
13		拌和厂内应进行有效的交通区划,按有关规定设置相关的标志标牌
14	预制场	机械传动部位应设置防护罩,钢筋冷拉作业区两端应设置防护挡板及安全警示标识
15		张拉操作平台应设置硬质防护,张拉机械的前端应设置不小于 3mm 厚的钢板
16		加工设备区、设备与墙体的净距不小于 0.7m
17		焊割、冷拉、切割等作业区应进行隔离防护
18		边梁及 T 梁应设支撑设施
19		预制场明火作业区配备消防器材
20	钢筋加工场	钢筋加工厂区中间宜设置 4m 宽运输主干道,两侧涂刷黄色醒目警示线,主干道两侧设置不小于 0.9m 高隔离栏杆
21		氧气、乙炔瓶室外临时存放,应放置在专用的防护棚内,防护棚间安全距离不小于 20m

2.1.2 两区三场设施配置目录

两区三场设施配置目录见表2-2。

两区三场设施配置目录　　　　　　　　表2-2

功能类别	名　称	配置要求	功能类别	名　称	配置要求
两区三场设施	安全帽	★	两区三场设施	消防器材	★
	安全带	★		防寒鞋、防寒手套	★
	反光衣	★		防雷避雷设施	★
	救生衣	★		视频监控系统	☆
	防护服	★		缆风绳	★
	防护手套	★		防撞设施	★

注：★表示应配备；☆表示宜配备。

2.1.3 两区三场示意图

两区三场示意如图2-1～图2-3所示。

图2-1　生活区、办公区示意图

图2-2　钢筋加工场示意图

图 2-3 拌和场示意图

2.1.4 两区三场设施现场图

两区三场设施现场图如图 2-4～图 2-9 所示。

图 2-4 生活区、办公区现场图(一)　　　图 2-5 生活区、办公区现场图(二)

图 2-6 钢筋加工场现场图(一)　　　图 2-7 钢筋加工场现场图(二)

图 2-8 拌和场现场图

a) 预制场平面

b) 预制梁存梁区

c) 预制场

图 2-9　预制场现场图

2.2　个体防护

2.2.1　个体防护设施配置标准化要点

个体防护设施配置标准化要点见表 2-3。

个体防护设施配置标准化要点　　表 2-3

序号	类　别	配　置　要　点
1	通用要求	安全防护用品应符合国家相关标准和行业标准要求,不得超期使用
2		高处作业人员应佩戴安全帽、安全带,穿戴防滑鞋
3	劳保用品	从业人员在作业过程中,应按照安全生产规章制度和劳动防护用品使用规则,正确佩戴和使用安全防护用品
4		个人劳动防护用品应标注安全标志标识
5		在有粉尘的施工作业场所,作业人员应配备符合相关标准的防尘口罩

2.2.2 个体防护设施目录

个体防护设施目录见表2-4。

个体防护设施目录　　　　表2-4

功能类别	名称	配置要求
个体防护安全设施	安全帽	★
	安全带	★
	反光衣	★
	救生衣	★
	防护服	★
	防护手套	★
	防寒鞋、防寒手套、防寒服	★
	防尘口罩和防尘面罩	★
	防毒面具	★
	防噪声耳塞和防噪声耳罩	★
	焊接用眼镜与面罩、电焊工手套、焊接工作服	★
	劳动护肤剂	★
	防振动手套	☆
	护目镜	★
	绝缘鞋、绝缘手套、绝缘帽	★
	智能手环	√
	智能安全挂钩	√
	智能安全帽	☆
	防电磁辐射眼具	☆

注：★表示应配备；☆表示宜配备；√表示可以选择配备。

2.2.3 个体防护设施示意图

个体防护设施示意如图2-10～图2-16所示。

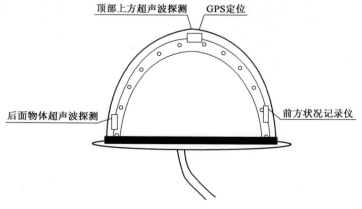

图2-10　安全帽示意图

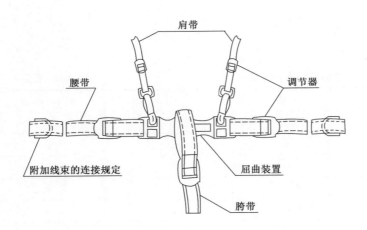
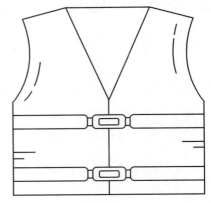

图 2-11　安全带示意图　　　　　　图 2-12　救生衣示意图

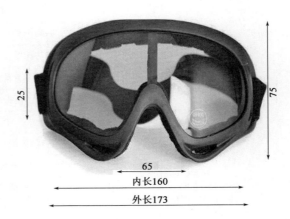

图 2-13　防护手套示意图　　　　图 2-14　护目镜示意图(尺寸单位:mm)

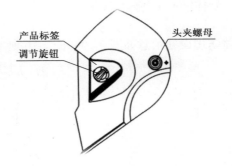

图 2-15　防护鞋示意图　　　　　　图 2-16　防护面罩示意图

2.2.4　个体防护设施现场图

（1）安全帽（图 2-17）。

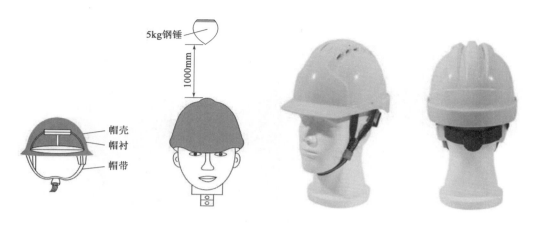

图 2-17　安全帽测试和佩戴示意图

（2）安全带（图 2-18）。

图 2-18　安全带

（3）反光衣（图 2-19）。

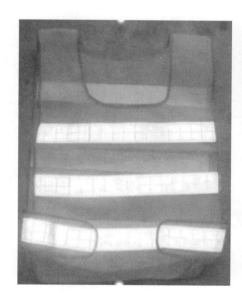

图 2-19　反光衣

(4)救生衣(图2-20)。

图2-20 救生衣

(5)防护服(图2-21)。

图2-21 防护服

(6)防护手套(图2-22)。

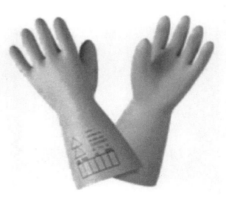

图2-22 防护手套

(7)防护鞋(图2-23)。
(8)防尘口罩及防尘面罩(图2-24)。
(9)护目镜(图2-25)。
(10)防护面罩(图2-26)。
(11)智能手环(表2-5)。

图 2-23　防护鞋

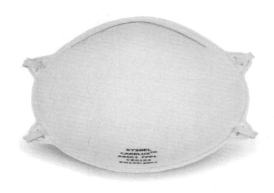
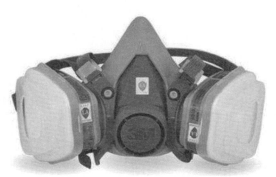

图 2-24　防尘口罩及防尘面罩

图 2-25　护目镜

图 2-26　焊接防护面罩

智 能 手 环　　　　　　　　　　　　　　　表2-5

智能手环	说　明
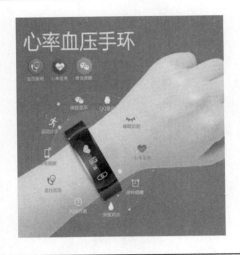	智能手环可对施工人员的血压、心率、体温、血氧饱和度及呼吸频率等基本生命体征进行实时监测,保证施工现场的每位施工人员身体及工作状态良好,若施工人员身体不适或发生意外,可及时通过智能监测系统发出预警或进行报警,以减少因身体状况或突发意外引起的人员安全事故

（12）智能安全挂钩（表2-6）。

智 能 安 全 挂 钩　　　　　　　　　　　表2-6

智能安全挂钩	说　明
	智能安全挂钩配备了控制器,内装能感应高度的气压传感器和水平移动感应的水平感应仪,操作人员位置超过安全作业基准面2m,智能安全挂钩自动锁死;施工作业完成人员安全落地后,安全挂钩自动解锁打开

（13）智能安全帽（表2-7）。

智 能 安 全 帽　　　　　　　　　　　　表2-7

智能安全帽	说　明
	智能安全帽配备智能芯片,结合施工现场安全的智能系统,能够实现危险物体的识别、人员移动的定位、声音报警、数据传输存储等功能。依托门禁系统可自动扫描识别人员身份,能够实现自动考勤、快速进场;作业人员靠近危险区域,可发出声光报警,进行风险提示

2.3 标志标牌

2.3.1 标志标牌设施配置标准化要点

标志标牌设施配置标准化要点见表2-8。

标志标牌设施配置标准化要点　　　　　　表2-8

序号	类别	配置要点
1	通用要求	根据工程特点和不同的施工阶段,现场安全标志标牌要及时准确地增补、删减或变动,实施动态管理
2		应布设"五牌一图"
3	标牌	标牌用于工程驻地、施工现场明示相关信息,主要包括公示牌、施工铭牌、危险源辨识告知牌、职业病危害因素告知牌、接受社会监督的信息牌等
4		施工现场内变、配电站的围护栅栏四周悬挂警告标志牌
5		主要机具、设备及施工工序操作规程牌,应当设置在操作室或操作区域
6	标志	施工现场出入口、施工起重机械等设备出入通道口和沿线交叉口应当设置安全标志,安全标志包括禁止标志、警告标志、指令标志和提示标志。其使用按照现行《安全标志及其使用导则》(GB 2894)规定执行
7		标志应当采用坚固耐用的材料制作
8		有触电危险的场所应当使用绝缘材料,照明条件差的,应用荧光材料制作
9		边缘和尖角应当适当倒棱,呈圆滑状,带有毛边处应打磨光滑
10		标志的设置位置应当合理、醒目,能引起观察者的注意、迅速判读、有必要的反应时间或操作距离
11		标志不应设在门、窗、架等可移动的物体上。标志前不得放置妨碍认读的障碍物。安全标志应设置在明亮的环境中,安全标志平面与视线夹角应接近90°;观察者位于最大观察距离时,最小夹角不小于75°
12		经常检查标志的状态,保持清洁醒目、完整无损。如发现有破损、变形、褪色等不符合要求时,应及时修整或更换

2.3.2 标志标牌设施目录

标志标牌设施目录见表2-9。

标志标牌设施目录　　　　　　表2-9

功能类别	名称	配置要求
标志标牌设施	禁止标志	★
	警告标志	★
	指令标志	★
	提示标志	★
	工程概况牌	★
	质量安全目标牌	★
	管理人员名单及监督电话牌	★
	安全文明施工牌	★
	重大风险源告知牌	★
	职业病危害因素告知牌	★

续上表

功能类别	名称	配置要求
标志标牌设施	应急救援交通线路图	★
	施工现场布置图	★
	项目管理人员风采牌	√

注：★表示应配备；√表示可以选择配备。

2.3.3 安全标志设施示意图

安全标志设施示意见表2-10。

安全标志的基本形式及参数表 表2-10

安全标志类别	基本形式	相关参数	备注
禁止标志	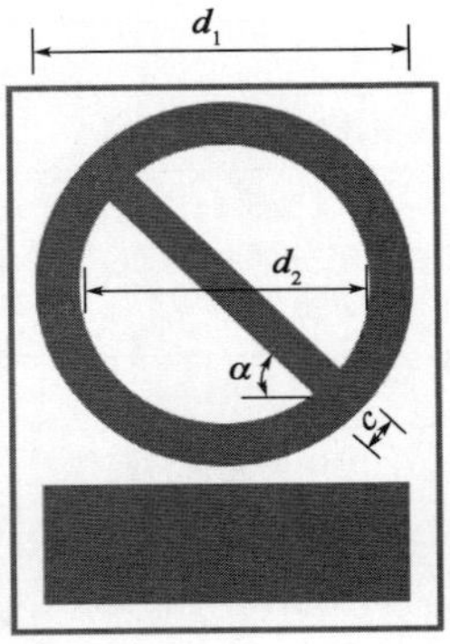	外径 $d_1 = 0.025L$； 内径 $d_2 = 0.800L$； 斜杠宽 $c = 0.080d_2$； 斜杠与水平线的夹角 $\alpha = 45°$	基本形式为带斜杠的圆形框；圆形和斜杠为红色，圆形符号为黑色，衬底为白色；文字辅助标志衬底为红色，字为白色黑体字
警告标志	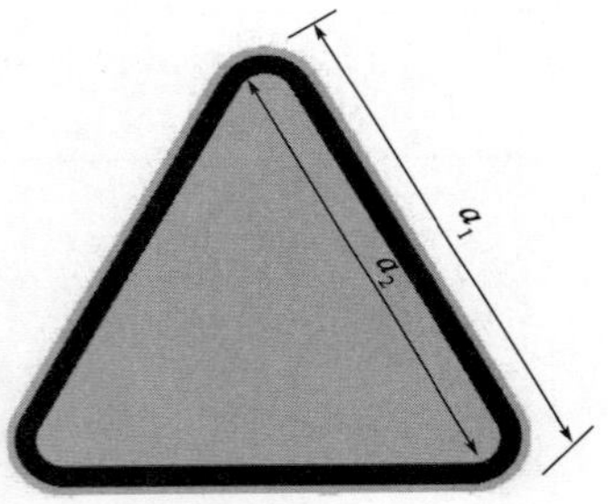	外边 $a_1 = 0.034L$； 内边 $a_2 = 0.700a_1$； 边框外角圆弧半径 $r = 0.080a_2$	基本形式为正三角形边框；三角形边框及圆形符号为黑色，衬底为黄色；文字辅助标志为白底黑框，字为黑色黑体字
指令标志	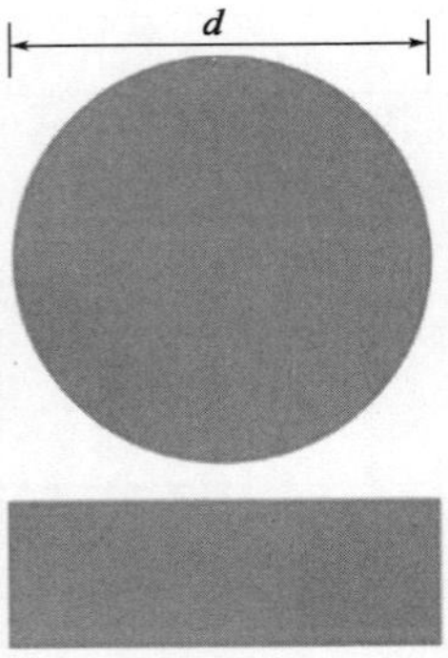	直径 $d = 0.025L$	基本形式为圆形边框；图形符号为白色，衬底为蓝色；文字辅助标志衬底为蓝色，字为白色黑体字

续上表

安全标志类别	基 本 形 式	相 关 参 数	备 注
提示标志	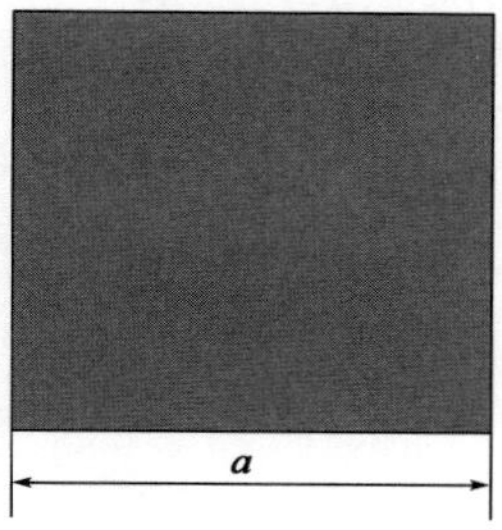 (正方形图示)	边长 $a = 0.025L$	基本形式为正方形边框；图形符号为白色，衬底为绿色或红色；字为黑色黑体字

注：L 为观察距离。

2.3.4 安全标志标牌设置原则

安全标志标牌设置原则见表2-11。

安全标志标牌设置原则表　　　　表2-11

序号	场所/专项工程	设置部位	标志名称
1	生活区、办公区	醒目位置	工程概况牌； 质量安全目标牌； 管理人员名单及监督电话牌； 安全文明施工牌； 项目重大风险源告知牌； 项目职业病危害因素告知牌； 领导每周带班生产公示牌； 区域总平面布置图； 消防设施平面布置图
2	工区驻地	醒目位置	工程概况牌； 质量安全目标牌； 管理人员名单及监督电话牌； 安全文明施工牌； 现场重大风险源告知牌； 区域总平面布置图； 消防设施平面布置图
3	拌和场	工地出入口的醒目位置	工程概况牌； 质量安全目标牌； 管理人员名单及监督电话牌； 安全文明施工牌； 场区总平面布置图； 现场重大风险源告知牌； 现场职业病危害因素告知牌； 生产污水处理平面布置图； 应急救援交通线路图

续上表

序号	场所/专项工程	设置部位	标志名称
4	钢筋加工场	工地出入口的醒目位置	工程概况牌； 质量安全目标牌； 管理人员名单及监督电话牌； 安全文明施工牌； 现场重大风险源告知牌； 现场职业病危害因素告知牌； 场区总平面布置图； 应急救援交通线路图
5	预制场	工地出入口的醒目位置	工程概况牌； 质量安全目标牌； 管理人员名单及监督电话牌； 安全文明施工牌； 场区总平面布置图； 现场重大风险源告知牌； 现场职业病危害因素告知牌； 应急救援交通线路图
6	大型桥梁	桥头的醒目位置	工程概况牌； 质量安全目标牌； 管理人员名单及监督电话牌； 安全文明施工牌； 现场重大风险源告知牌； 现场职业病危害因素告知牌； 施工平面布置图； 应急救援交通线路图
7	互通立交	互通区的醒目位置	工程概况牌； 质量安全目标牌； 管理人员名单及监督电话牌； 安全文明施工牌； 现场重大风险源告知牌； 施工平面布置图； 应急救援交通线路图
8	隧道洞口	洞口的醒目位置	工程概况牌； 质量安全目标牌； 管理人员名单及监督电话牌； 安全文明施工牌； 现场重大风险源告知牌； 职业病危害因素告知牌； 施工平面布置图； 应急救援设施设备布置图； 应急救援交通线路图

2.4 门禁系统

2.4.1 门禁系统配置标准化要点

项目驻地、拌和场、钢筋加工场、预制场等场站以及桥梁施工区域、栈道、隧道入口等施工作业区宜设置门禁系统，进行封闭式管理。

2.4.2 门禁系统设置目录

门禁系统设置目录见表2-12。

门禁系统设置目录　　　　表2-12

功能类别	设置地点	配置要求
门禁系统	项目驻地	★
	拌和站	√
	钢筋加工场	√
	预制场	☆
	施工隧道入口	★

注：★表示应配备；☆表示宜配备；√表示可以选择配备。

2.4.3 门禁系统现场图

门禁系统现场图如图2-27～图2-31所示。

图2-27　隧道门禁系统

图2-28　场站门禁系统

图 2-29 栈桥门禁

图 2-30 施工便道门禁

图 2-31 桥梁入口安全通道

2.5 便道便桥防护

2.5.1 便道便桥防护设施配置标准化要点

便道便桥防护设施配置标准化要点见表 2-13。

便道便桥防护设施配置标准化要点　　　　表 2-13

序号	类别	配 置 要 点
1	便道	涉及临崖、高落差、急转弯等路段,应安装防撞墩和波形护栏
2	便道	醒目位置增设诱导反光标志
3	便道	设置安全警示提示标牌,在急弯或特殊路段应提前增设相关警示标志和限速标志
4	便道	山区便道宜建立施工便道智能预警让行系统
5	便道	采取安装柔性防护网、喷浆挂网和砌筑挡墙等措施进行边坡防护
6	便道	施工便道与既有道路平面交叉处设置道口警示标志,有高度限制的应设置限高架
7	便桥	跨航道便桥设置防撞设施和警示标志
8	便桥	桥面边缘处等设置安全防护栏
9	便桥	栈桥设置消防器材、救生设施

2.5.2 便道便桥防护设施目录

便道便桥防护设施目录见表 2-14。

便道便桥防护设施目录 表2-14

功 能 类 别	名 称	配 置 要 求
便道便桥防护	防撞墩	★
	波形梁护栏	★
	诱导反光标志	★
	限速标志	★
	警示标志	★
	柔性防护网	★
	喷浆挂网	☆
	救生圈	★
	高边坡防护	★
	消防器材	★

注:★表示应配备;☆表示宜配备。

2.5.3 便道防护设施示意图

便道防护设施示意如图2-32所示。

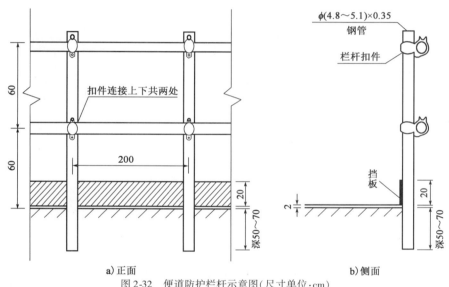

a)正面　　b)侧面

图 2-32　便道防护栏杆示意图(尺寸单位:cm)

2.5.4 便道便桥防护现场图

便道便桥防护现场图如图2-33、图2-34所示。

图 2-33　便道防护现场图

图 2-34　便桥防护现场图

2.6 临边防护

2.6.1 临边防护设施配置标准化要点

临边防护设施配置标准化要点见表 2-15。

临边防护设施配置标准化要点　　　　　　表 2-15

序号	类　别	配　置　要　点
1	通用临边防护	因作业需要临时拆除或变动安全防护设施时,应经施工负责人同意,采取相应的可靠措施,作业后应立即恢复
2		临边作业面应设置防护栏杆
3		施工区域,伸缩缝处应设置盖板或安全警示标志
4	洞口临边防护	短边边长小于50cm的洞口,应加设竹、木板等作遮盖;洞口周边应当设置醒目标识防止车辆、人员误入
5		短边长为50~150cm的洞口,应设置用扣件扣接钢管搭设的临边防护栏杆,并在洞口上铺满竹笆或脚手板,或采用贯穿于混凝土板内的钢筋构成防护网,钢筋网络间距不得大于20cm
6		边长或直径在150cm以上的洞口,四周除了设置防护栏杆外,洞口下还应张设安全网
7	高处作业临边防护	高处作业中的安全标志、工具、仪表、电气等设施和各种设备,应在施工前进行检查,确认完好后,方能投入使用
8		高处作业的安全技术设施,如发现有缺陷或隐患时,应及时解决;危及人身安全时,应停止作业
9		高处作业中所用的物料,均应堆放平稳,不应妨碍通行和装卸
10		工具应随手放入工具袋
11		作业中的走道、通道板和登高用具,应随时清扫干净
12		拆卸下的物件及余料和废料应及时清理运走,不得任意乱置或向下丢弃
13		传递物件禁止抛掷
14		雨天进行高处作业时,应采取可靠的防滑措施
15		遇有六级以上强风、浓雾等恶劣气候,不得进行露天攀登或高处作业
16		台风暴雨后,应对高处作业安全设施逐一加以检查,发现有松动、变形、损坏或脱落等现象时,立即修理、完善
17		高处作业安全设施的主要受力杆件构造应符合现行规范标准

续上表

序号	类别	配 置 要 点
18	桥面临边防护	桥面施工前,在梁面两侧应设置防护栏杆,并挂设安全网
19		在无条件防护情况下的高处作业,应采用钢索作悬挂安全带和行走扶手用
20	深基坑临边防护	基坑深度超过2m时,应设置临边安全防护栏杆,防护栏杆距离基坑边应大于0.5m
21		基坑内设置人员专用定型式上下通道,并应悬挂明显的警示标志标牌
22		基坑的上、下部及四周应设置排水系统;上部排水沟与基坑边缘的距离不得大于2m;排水沟底和侧壁应做防渗处理;基坑底部四周应设置排水沟和集水坑,宜布置于地下结构外边距坡脚不小于0.5m
23	高边坡临边防护	高边坡作业时,应系好安全带,戴好安全帽,穿着防护鞋,安全装置应牢固可靠
24		施工前,应检查坡体表面,及时清理坡面的危石、悬石和浮石,设置醒目的安全警示标志
25		并及时设置边坡临时排水系统
26		并挂设拦截式被动防护网
27		边坡施工应严格按照自上而下分级进行的原则,开挖一级、防护一级
28	泥浆池临边防护	临边防护设施以钢管为主要受力构件,四周用防护网维护
29		根据需要设置出入口
30		四周悬挂警示警戒标志
31	沉淀池防护	应设置双横杆钢管防护栏,栏杆柱打入地面深度不小于0.5m,钢管连接采用焊接,刷红白相间反光漆,漆段长50cm
32	人工挖孔桩临边防护	桩口四周设置至少1.2m高的防护围栏
33		作业桩口除提升设备底座外,其余空隙均用木板铺盖密封
34		停止作业时,桩口应设置盖板并封闭严实,悬挂醒目的危险标志
35	挂篮临边防护	距边缘1.2~1.5m处应设施防护栏杆或架设护网,且不低于1.2m
36		挂篮的上下层应设安全爬梯,四周设置临边防护,并设踢脚板,挂全封闭安全网
37		受力部位及危险部位应设置明显的警示标志。严禁使用精轧螺纹钢作为悬挂吊带,应使用钢板吊带

2.6.2 临边防护设施目录

临边防护设施目录见表2-16。

临边防护设施目录 表2-16

功能类别	名 称	配置要求
临边防护	桥面临边防护	★
	高墩防护	★
	洞口临边防护	★
	深基坑防护	★
	高边坡防护	★
	泥浆池、沉淀池临边防护	★
	人工挖孔桩临边防护	★
	挂篮临边防护	★

注:★表示应配备。

2.6.3 临边防护设施示意图

临边防护设施示意如图 2-35～图 2-40 所示。

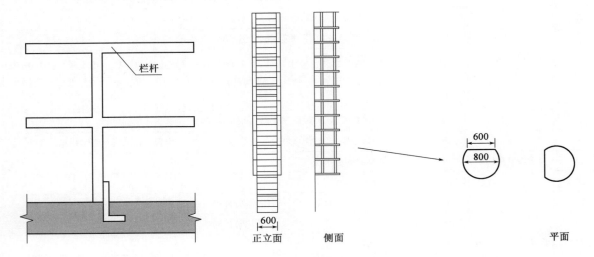

图 2-35 桥面临边防护示意图　　　　　图 2-36 高墩防护示意图(尺寸单位:mm)

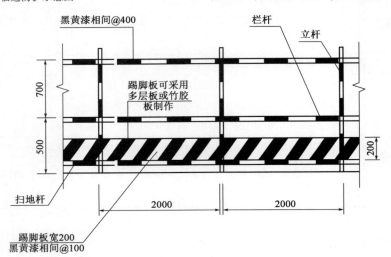

图 2-37 洞口防护示意图(尺寸单位:mm)

注:基坑临边防护除用钢管作栏杆外还要用密目网或踢脚板(多层板)作挡板。

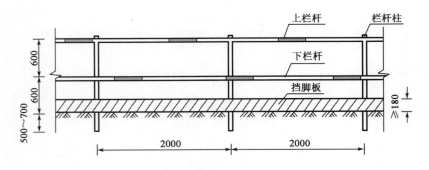

图 2-38 深基坑防护示意图(尺寸单位:mm)

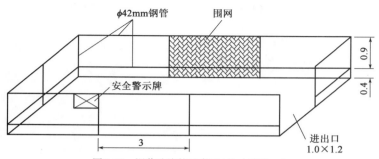

图 2-39　泥浆池防护示意图（尺寸单位：m）

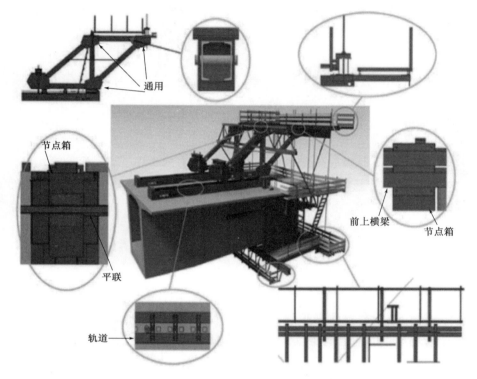

图 2-40　挂篮防护示意图

2.6.4　临边防护现场图

临边防护现场图如图 2-41～图 2-46 所示。

图 2-41　桥面临边防护现场图

图 2-42　高墩防护现场图

图 2-43　洞口临边防护现场图

图 2-44　高边坡临边防护现场图

图 2-45　泥浆池临边防护现场图

图 2-46　沉淀池临边防护现场图

2.7　安全通道及作业平台

2.7.1　安全防护设施配置标准化要点

安全通道及作业平台安全防护设施配置标准化要点见表2-17。

安全防护设施配置标准化要点　　　　表2-17

序号	类　别	配　置　要　点
1	通用要求	5m以下的高处作业可采用带防护笼的直爬梯
2	通用要求	5~40m高处作业时应设置"之"字形人行斜梯，斜体左、右两侧应设有符合要求的栏杆
3	通用要求	40m以上的上部结构采用现浇、悬浇作业，应安装附着式电梯
4	通用要求	作业平台四周应设置临边安全防护，并悬挂安全警示警告标志标牌
5	预制梁爬梯	预制箱梁施工根据箱体高度设置可移动的上下检修爬梯
6	预制梁爬梯	爬梯两侧应设置扶手，并设置车轮制动装置
7	墩柱施工装配式操作平台	高墩柱施工中高处作业时，应设置装配式操作平台
8	墩柱施工装配式操作平台	操作平台应铺满，四周设置临边安全防护，并悬挂必要的安全警示警告标志标牌
9	墩柱施工装配式操作平台	高墩柱施工时，在墩柱10m范围内，应设置隔离警戒区
10	墩柱施工装配式操作平台	平台高度大于6m或在风力较大地区时，应采取防倾覆措施

续上表

序号	类别	配置要点
11	防撞护栏施工吊篮	防撞护栏施工应采用移动工作挂吊篮
12		设置安全防护设施和上下爬梯，满足模板安装、混凝土浇筑施工人员安全防护要求
13		设置配重设施
14		悬挂醒目的安全警示和限载标志标牌
15	隧道工作平台	隧道施工各类工作台车平台应满铺
16		设安全防护栏、爬梯、防滑等设施，安全防护栏高度为1.2m，立杆间距不得大于1.5m，横杆与上下件之间距离不得大于60cm，立杆和扶杆宜采用φ48mm钢管制作
17	施工便道	施工便道在陡坡、急弯及其他特殊地段应进行硬化
18		设置限速、警示牌、指引标志、混凝土防撞墩及醒目的反光标志
19	跨线施工安全通道	少支点满堂支架通道两端应设置限高、限宽、限速设施及标志
20		通道内应设置照明设施，照明方向顺车辆行驶方向照射
21		通道内钢立柱基础应有防撞墩，并张贴反光警示标志。通道顶部应设水平硬质防护
22		当通道长度大于100m时，应配备消防设施

2.7.2 安全防护设施目录

安全通道及作业平台安全防护设施目录见表2-18。

安全通道及作业平台安全防护设施目录 表2-18

功能类别	名称	配置要求
安全上下通道及作业平台防护	预制梁上下爬梯	★
	现浇梁上下通道	★
	仰拱栈桥	★
	自行式高空作业平台	★
	墩柱施工操作平台	★
	防撞护栏施工平台	★
	隧道施工台车	★
	预制梁架设安全防护	★
	受力部位及危险部位安全警示标志	★
	施工便道安全防护	★
	带防护笼的直爬梯	★
	"之"字形人行斜梯	★
	附着式电梯	☆

注：★表示应配备；☆表示宜配备。

2.7.3 安全防护设施示意图

安全通道及作业平台安全防护设施示意图如图2-47~图2-56所示。

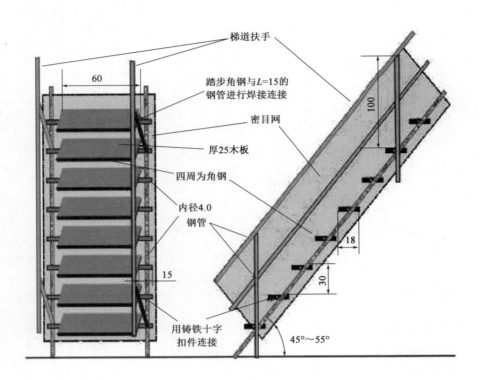

图2-47 上下爬梯示意图(尺寸单位:cm)

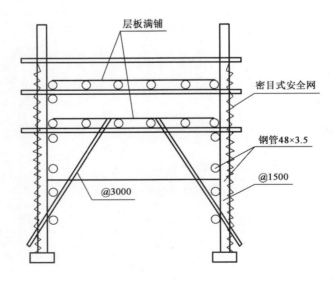

图2-48 安全通道示意图

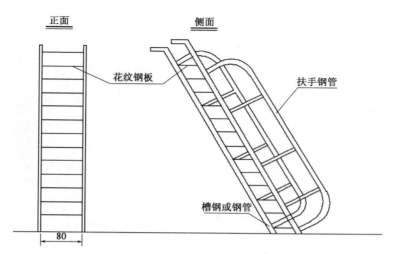

图 2-49 爬梯示意图(尺寸单位:cm)

注:1. 材料需根据高度经受力计算后确定截面尺寸。
　　2. 钢管宜为橙色。

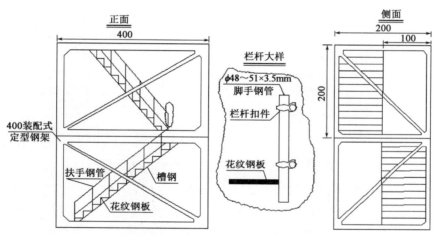

图 2-50 装配式钢爬梯示意图

注:1. 本图尺寸除另注明外,余均以厘米计。
　　2. 定型钢架需根据架设高度,通过验算确定钢架材料型号。
　　3. 钢管宜涂为橙色。

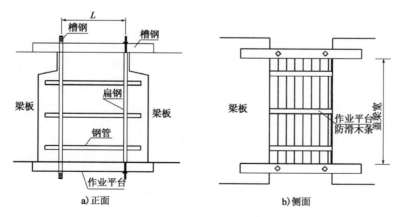

图 2-51 端横梁作业平台示意图

注:1. 本图尺寸除另注明外,余均以厘米计。
　　2. 根据跨径计算选用相应材料型号。

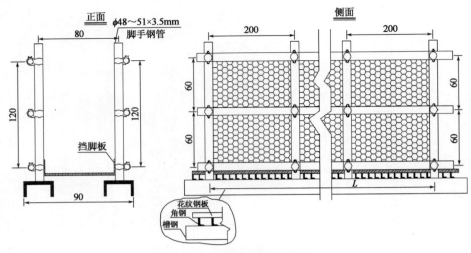

图 2-52 桥梁跨间通道示意图

注:1. 本图尺寸除另注明外,余均以厘米计。
2. 图中纵向主梁钢材及横梁钢材,根据跨径计算选用相应型号。
3. 行走道板用木板铺设时,横向应增加防滑木条。
4. 钢管宜涂为橙色。

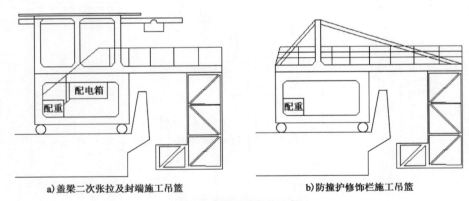

a) 盖梁二次张拉及封端施工吊篮　　b) 防撞护修饰栏施工吊篮

图 2-53 桥梁施工吊篮示意图

注:1. 需根据跨径计算选用相应材料规格型号。
2. 吊篮钢管宜涂为橙色。

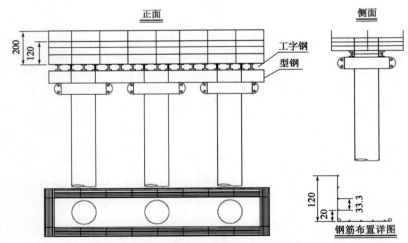

图 2-54 高处作业平台示意图(一)(尺寸单位:cm)

注:根据实体结构不同,跨径及承载力要求确定尺寸、跨径、材料,进行受力验算后使用。

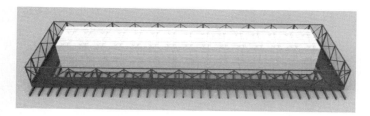

图 2-55　高处作业平台示意图(二)

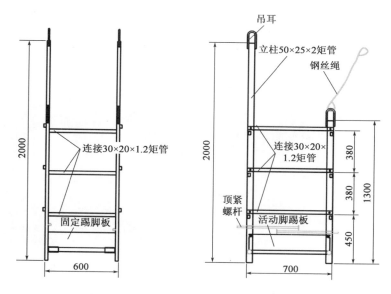

图 2-56　简易挂篮立面示意图(尺寸单位:cm)

2.7.4　安全防护设施现场图

安全通道及作业平台安全防护设施现场图如图 2-57～图 2-68 所示。

图 2-57　施工平台防护现场图

图 2-58　简易挂篮防护设施现场图

图 2-59　小型吊篮

图 2-60　湿接缝施工外挂篮

图 2-61　墩柱施工装配式操作平台现场图

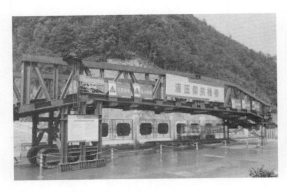
图 2-62　仰拱栈桥现场图

图 2-63　登高车作业

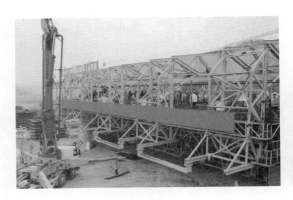
图 2-64　移动模架现浇箱梁施工防护现场图

图 2-65　跨线施工安全通道现场图

图 2-66　隧道二次衬砌台车

图 2-67　施工便道安全防护现场图

图 2-68 预制梁爬梯现场图

2.8 临时用电

2.8.1 安全防护设施配置标准化要点

临时用电安全防护设施配置标准化要点见表 2-19。

临时用电安全防护设施配置标准化要点　　　　表 2-19

序号	类别	配置要点
1	临时用电系统配置要求	采用三级配电系统
2		采用 TN-S 接零保护系统
3		采用二级漏电保护系统
4		分配电箱与开关箱用电安全距离大于 30m
5		配电室内应配置砂箱和可用于扑灭电器火灾的灭火器
6		用电设备应做重复接地
7	电缆敷设配置要点	室外架空线路应悬挂昼夜醒目的"高压危险"警示标志,桥面电缆宜采用 PVC 等材质套管保护
8		下穿既有道路电缆应设防护套管
9		水上或潮湿地带应采用防水电缆
10	配电箱、配电室配置要点	室外变电站应设置防雷击和防风装置
11		动力开关箱与照明开关箱应分设,开关箱应做到"一机、一箱、一闸、一漏",有门、有锁和防雨防尘
12		配电箱、开关箱定期维修检查时,应将其前一级相应的电源隔离开关分闸断电,并悬挂"禁止合闸,有人作业"停电标志牌,严禁带电作业
13		金属箱门与金属箱体应采用编织软铜线做电气连接
14		分配电箱、开关箱箱门应标明编号、责任人等,箱门内侧应标明分路标记、检查记录及系统连接图
15		分配电箱、开关箱箱门应上锁
16	接地配置要点	重复接地装置的接地电阻值小于 10Ω
17		电气设备的金属外壳应与保护零线连接

2.8.2 安全防护设施目录

临时用电安全防护设施目录见表2-20。

临时用电安全防护设施目录 表2-20

功能类别	名　　称	配置要求
临时用电	遥信、遥测、遥控装置	√
	固定围栏	★
	警示标识牌	★
	绝缘垫	★
	隔离开关	★
	防止小动物进入的隔板/防护网罩等其他措施	★
	防止雨、雪飘入的措施	★
	防腐、隔热措施	★
	防水电缆、排水措施	★
	砂箱或扑灭电器火灾的灭火器	★
	防雷击装置	★
	防风装置	★
	防火隔阻措施	★
	PVC 套管	☆

注：★表示应配备；☆表示宜配备；√表示可以选择配备。

2.8.3 安全防护设施示意图

临时用电安全防护设施示意如图 2-69 ~ 图 2-76 所示。

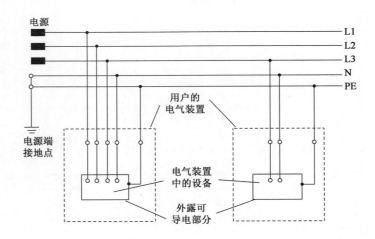

图 2-69　TN-S 系统示意图

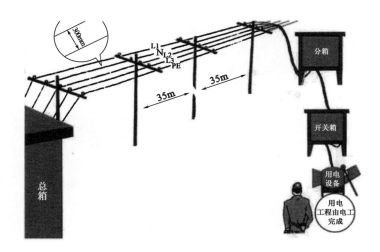

图 2-70 三级配电二级保护示意图

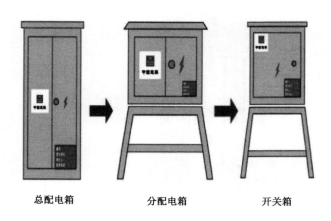

图 2-71 三级配电系统配电箱示意图

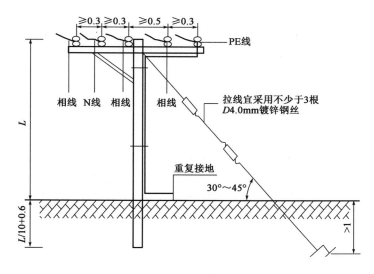

图 2-72 外电线接线示意图（尺寸单位：m）

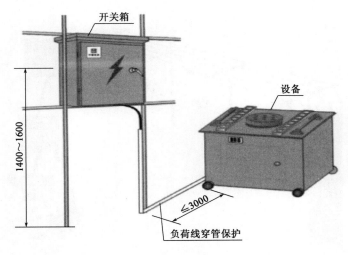

图 2-73　设备与电源距离示意图(尺寸单位:mm)

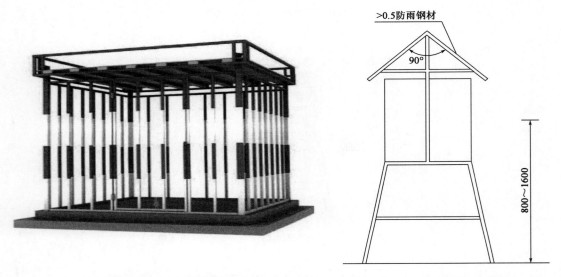

图 2-74　电箱防护围栏示意图　　　　图 2-75　配电箱示意图(尺寸单位:mm)

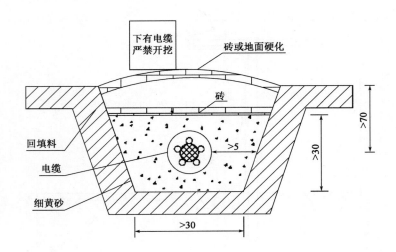

图 2-76　电缆埋地防护示意图(尺寸单位:cm)

2.8.4 安全防护设施现场图

临时用电安全防护设施现场图如图 2-77~图 2-86 所示。

图 2-77　总电箱

图 2-78　二级配电箱

图 2-79　三级配电箱

图 2-80　一机一闸一漏

图 2-81　配电箱防雨罩

图 2-82　过路线槽

图 2-83　栈桥及钻孔平台上配电箱布置

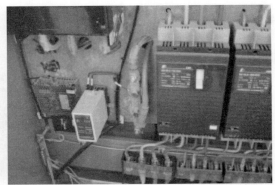

图 2-84　智能用电系统

图 2-85　龙门吊滑触线

图 2-86　隧道电力线路布设

2.9　机械设备

2.9.1　通用要求

机械设备安全防护设施配置标准化通用要点见表 2-21。

2 临时设施与设备

机械设备安全防护设施配置标准化通用要点　　　表2-21

序号	类别	配置要点
1	通用要求	机械设备进场前,应按照有关规定进行检查,证件齐全、有效,技术性能应满足要求,安全防护设施应可靠
2		机械设备进场后,应建立机械设备分类管理台账,特种设备应按照"一机一档"原则建立管理档案
3		机械设备的安装调试、拆除等工作应由具备相关资质的单位承担。特种设备安装后,经有资质的单位检验检测合格并到当地市场监督管理部门备案取得使用登记证书后方可使用,使用过程中应按规定对设备进行检查、维修、保养,并予以记录
4		机械设备操作人员应经过专门的安全技术培训并考核合格,取得相应资格证书后,方可上岗作业
5		挂篮、滑模及自升式滑模等未列入国家特种设备目录的专用大型设备,安装完成后应组织验收工作
6		移动模架应按照高空作业要求,设置不低于1m的永久性栏杆、安全网等防护设备
7		起重作业前,应严格检查起重设备各部件的可靠性和安全性。当被吊物的重量达到起重设备额定起重能力的90%及以上时,应进行试吊
8		起重作业时严禁超载、斜拉和起吊埋在地下等不明重量的物件。提升重物时严禁自由下降

2.9.2 塔式起重机

(1)塔式起重机安全防护设施配置标准化要点见表2-22。

塔式起重机安全防护设施配置标准化要点　　　表2-22

序号	类别	配置要点
1	塔式起重机	塔式起重机基础应能承受工作状态和非工作状态下的最大载荷,并满足塔式起重机抗倾翻稳定性的要求
2		塔式起重机附墙杆件与建(构)筑物之间的固定连接应牢固可靠
3		两台塔式起重机之间的最小架设距离应保证低位塔式起重机的起重臂端部与另一台塔式起重机的塔身之间有至少2m的距离
4		高位塔式起重机的最低位置的部件(吊钩升至最高点或平衡重的最低部位)与低位塔式起重机中处于最高位置部件之间的垂直距离不应小于2m
5		遇六级以上大风或大雨、大雾、雷雨天气时,禁止起重作业
6		塔式起重机安全装置包括力矩限制器(图2-82)、起重量限制器(图2-83)、塔式起重机起升限位制动器(图2-84、图2-85)等
7		塔式起重机基础四周应设置围挡,悬挂安全警示标牌;基础四周还应设置临时排水沟
8		塔身高于30m的塔式起重机,应在塔顶和臂架端部设置红色警示灯,夜间工作的塔式起重机应在正对工作面设置投光灯

(2)塔式起重机安全防护设施现场图(图2-87~图2-89)。

图2-87　力矩限制器　　　　　　图2-88　起重限制器

图 2-89　塔吊起升限位制动器

2.9.3　龙门式起重机

（1）龙门式起重机安全防护设施配置标准化要点见表 2-23。

龙门式起重机安全防护设施配置标准化要点　　　　表 2-23

序号	类别	配置要点
1	龙门式起重机	龙门式起重机轨道的铺设应符合设备安装规定,轨道接地电阻不应大于 4Ω
2		露天作业的龙门式起重机,当遇六级及以上大风时,应停止作业,用锁紧夹轨器,并将吊钩升到顶端位置,吊钩上不得悬挂重物
3		防台风时宜加设缆风绳
4		龙门式起重机应加装声光报警装置,行走时应发出声光报警信号
5		重物提升和下降操作应平稳匀速,在提升大件时不得快速,同时防止拴拉绳摆动
6		龙门式起重机行走轨道端头应设置车挡及防撞缓冲装置
7		龙门式起重机停止使用时,轮应使用夹轨器或使用铁鞋固定
8		龙门式起重机应设置带有护栏的爬梯供作业人员使用
9		龙门式起重机的起重小车、大车应设置行走限位器
10		龙门式起重机行走端应设置扫轨器,防止因大车行走时轨道上有杂物堆阻造成脱轨事件

（2）龙门式起重机及相关安全防护设施配置如图 2-90~图 2-95 所示。

图 2-90　龙门式起重机现场图

图 2-91　龙门吊液压夹轨器

图 2-92　龙门式起重机安全爬梯　　　　图 2-93　龙门式起重机吊钩地锚

图 2-94　龙门式起重机安全限位装置　　　图 2-95　龙门式起重机防撞装置

2.9.4　缆索式起重机

缆索式起重机安全防护设施配置标准化要点见表 2-24。

缆索式起重机安全防护设施配置标准化要点　　　　表 2-24

序号	类别	配置要点
1	缆索式起重机	跨越公路、铁路施工时应按相关规定设置防护措施
2		缆索式起重机塔架基础和地锚应选址得当，并进行相关受力计算
3		塔架安装时周围 5m 范围应设置隔离带，安装后对塔架应及时清理，避免遗落在塔架上的小构件坠落砸人，雨雪、大风等不良天气禁止施工，夜间不宜施工
4		缆索式起重机所用材料、设备等进场前，应进行验收，符合要求后方可使用，材料应无损伤、无变形，强度、刚度满足设计要求，塔架受力应经过计算，塔架前后及侧向应设置缆风索，确保吊装时塔架稳定
5		人员上下塔架应配备符合要求的电梯或爬梯，严禁徒手攀爬
6		缆索式起重机架设完成后应对缆索式起重机后锚碇进行防护，非工作人员禁止入内
7		缆索式起重机应设垂直起吊和水平运输限位装置，具备条件的，还可对最大索力进行控制
8		吊装作业应指派专人统一指挥，起重工应掌握吊装作业安全要求，其他人员应明确分工，操作人员每人配备一台通信工具
9		任何缆索拆除时下方应设隔离带，无关人员禁止入内，拆除过程中应保持塔架稳定
10		吊装时间过长、气温温差大时，应对承重索垂度进行调整，保证承重索受力均匀，且索力在设计范围之内
11		缆索式起重机所用各种索的规格选用应经过计算，确保安全系数符合相关规定要求，投入施工前和使用过程中，应严格验收，当断丝、变形、锈蚀等超出相应规定时禁止使用
12		缆索式起重机吊装过程中，缆索式起重机与吊件之间应连接牢固
13		若用钢绞线作为缆风索，张拉完成后，应采取加固措施防止退锚，同时避免钢绞线被火烤、通电

缆索式起重机如图 2-96、图 2-97 所示。

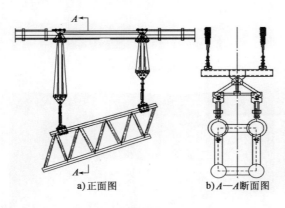

图 2-96　缆索式起重机示意图

图 2-97　缆索式起重机现场图

2.9.5　机械设备监控预警

（1）起重机安全监控系统配置要点。

起重机安全监控系统由传感器、信号采集器、控制执行器、显示仪表、监控系统等组成，能够对起重机的负载吨位、运行数据等进行监控和记录，同时具有故障信息报警功能，实现了对起重机运行的远程监控，能够及时发现起重机的故障，确保起重机安全运行，提高生产效率，减少安全事故的发生。

起重机安全监控现场如图 2-98 所示。

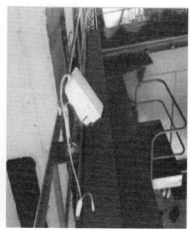

图 2-98　起重机安全监控现场

（2）施工升降机安全监控系统配置要点

施工升降机安全监控系统能够实时检测升降机的载重、人数、驾驶员身份识别、升降机实时高度等，由安全监测仪和远程监测管理平台构成。安全监测仪安装在升降机内，对其运行速度、门锁状态、倾斜度等进行内部抓拍，实时将数据上传到监控中心，实现远程监控。系统能够对升降机的运行情况进行实时检测，出现异常时向监控中心报警，监控中心可根据报警事件的级别远程处理或通知维修人员现场处理故障。在电梯启动、到达目标层或出现危险时，吊笼内设备会发出语音提醒乘客。意外断电时，系统能够依靠备用电源将设备进行安全锁定，提高设备安全性。

施工升降机安全防护现场见图 2-99。

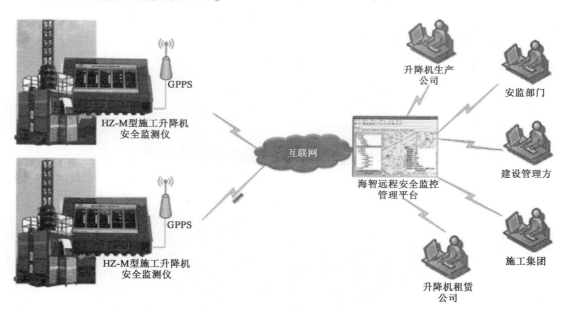

图 2-99　施工升降机安全监控系统

2.9.6　架桥机

（1）架桥机安全防护设施配置标准化要点见表 2-25。

架桥机安全防护设施配置标准化要点　　　　表 2-25

序号	类别	配置要点
1	架桥机	架桥机纵移或横移轨道两端,应设置挡铁,以保证架桥机的移位安全,大车行走箱处配备有专用工具(楔铁)和警示牌
2		架桥机天车在携带混凝土梁板行进时,前支腿部位应用手拉葫芦与横移轨道拉紧固定,提高稳定性
3		架桥机前移过孔时,起重小车应位于对稳定最有利的位置,且抗倾覆安全系数不得小于 1.5,配重不足时可利用梁板进行配重,过孔时应一次到位,中途不得停顿
4		起吊天车提升与携梁行走不得同时进行,天车携梁时应平稳迁移。架桥机过孔时项目专职安全员应进行现场旁站
5		架桥机应设置有效的限位装置,在轨道有效行程范围内设置缓冲器及端部止挡
6		盖梁上的架桥机前支腿宜采用枕木及型钢组合支撑,高度应根据横梁横坡调整,保证钢轨的横坡小于 0.5%,枕木搭设应不大于 3 层,宜采用井字形垫法,最上层枕木方向应垂直于横梁方向,相邻支撑枕木净距应不大于 0.5m
7		架桥机在邻近、穿越或跨越高压线时应满足安全距离要求,并设置防电护网
8		架桥机作业平台处应设置密目式安全网,人员行走平台及楼梯应设置护栏
9		架桥机架梁时,下方区域应设置警戒区域,并派专人看护
10		梁板就位后应及时连接固定,牢固后方可脱钩;未脱钩前,严禁移动设备
11		预制梁架设完成后,湿接缝及桥梁临边应及时设置安全防护
12		安装桥梁有上、下纵坡时,架桥机纵向移位应设置防止滑行措施

(2)架桥机安全防护措施如图 2-100、图 2-101 所示。

图 2-100　架桥机行程限位器及端部止挡

图 2-101　架桥机支腿垫木

2.9.7 气瓶专用存放棚

(1)乙炔瓶氧气瓶专用存放棚安全防护设施配置标准化要点见表2-26。

乙炔氧气瓶专用存放棚安全防护设施配置标准化要点 表2-26

序号	类 别	配 置 要 点
1	乙炔氧气瓶专用存放棚	乙炔氧气瓶专用存放棚内应采取防倾倒措施,配备消防器材,且远离生活区
2		氧气瓶、乙炔瓶应分别存放于氧气间、乙炔间。存放间距应大于10m,并设置安全警示标志

(2)气瓶专用存放棚示意图,如图2-102、图2-103所示。

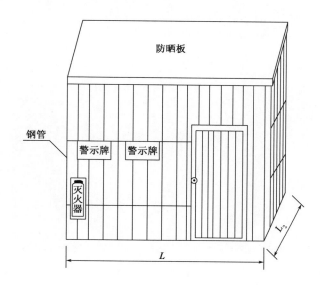

图2-102 氧气瓶存放棚示意图

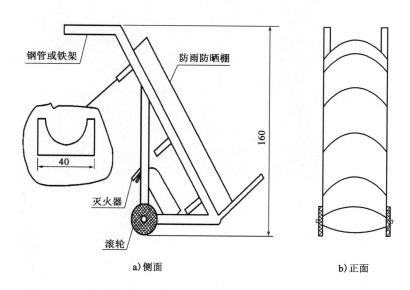

图2-103 气瓶运载车示意图(尺寸单位:cm)

(3)气瓶专用存放棚现场图,如图2-104~图2-106所示。

图 2-104　氧气瓶存放棚现场图

图 2-105　乙炔储存柜

图 2-106　气瓶运载车现场图

2.10　跨线施工

2.10.1　安全防护设施配置标准化要点

跨线施工安全防护设施配置标准化要点见表 2-27。

跨线施工安全防护设施配置标准化要点

表 2-27

序号	类别	配置要点
1	跨线施工	凡桥梁施工下方道路均应搭设跨线桥梁安全防护棚
2		现场作业车辆、机械应配备作业警示灯
3		现场作业人员应穿戴具备反光或部分反光性能的安全服和安全帽
4		跨线作业交通安全标志应按照现行《道路作业交通安全标志》(GA 182-1998)规定设置,施工前应编制专项施工方案报有关部门批准后实施
5		防护棚搭设位置周边的导行路段内,各种导行设施应齐全,标志应明显,标线应准确,有条件的区域还可设置减速带
6		对施工区域应尽可能进行封闭,无法封闭的应采用警示路锥、反光水马等进行现场围拦
7		安全防护棚应具备较强的防砸、抗冲击的能力且长度应大于自由坠落的防护半径
8		通车门洞前后10m处各搭设一座限高门架,限高4.5m,采用组合桁架梁搭设,跨中设置车辆限高、限宽、限速等标志牌
9		当上部施工高度超过24m时,下方应设间距600mm的双层防护棚,应满铺能承受大于10kPa的均布静荷载的材料,或50mm厚木板或符合要求的其他材料
10		防护棚设置轮廓灯、警示灯、爆闪灯等设施。在夜间警示灯应持续亮灯,通道内应保证充足的照明
11		交通繁忙路段,应设置交通协警指挥人员,协助指挥过往行人和车辆
12		防护棚两端支墩立柱及时贴红白相间反光膜或涂反光漆,钢管立柱侧面张挂安全网

2.10.2 安全防护设施目录

跨线施工安全防护设施目录见表 2-28,防护棚选用推荐表见表 2-29,跨线桥坠落高度、防护等级和防护半径分类见表 2-30。

跨线施工安全防护设施目录

表 2-28

功能类别	名 称	配置要求
跨线施工安全防护设施	防护棚	★
	安全帽	★
	安全带	★
	反光衣	★
	防护服	★
	防护手套	★
	防护鞋	★
	防尘口罩和防尘面罩	√
	防护栏	★
	防护棚架	★
	警示牌	★
	安全作业平台	★
	防撞系统	☆
	倒车系统	☆
	摊铺机摄像系统	☆
	照明设施	★

注:★表示应配备、☆表示宜配备、√表示可以选择配备。

防护棚选用推荐表　　　　　　　　　　　表 2-29

公路等级		类型	防护棚形式
高速公路、一级公路	三车道以上、两车道弯道	承重	桁架支撑体系
	两车道	承重	桁架或满堂支架
	三车道以上、两车道弯道	非承重	桁架
	两车道	非承重	脚手架
二级路以下	两车道	承重	桁架或满堂支架
	两车道	非承重	脚手架

跨线桥坠落高度、防护等级和防护半径分类表　　　　　　表 2-30

序号	坠落高度	防护等级	防护半径
1	2~5m	一级	2m
2	5~15m	二级	3m
3	15~30m	三级	4m
4	30m 以上	特级	5m 以上

2.10.3　安全防护设施示意图

跨线施工安全防护设施示意图如图 2-107~图 2-109 所示。

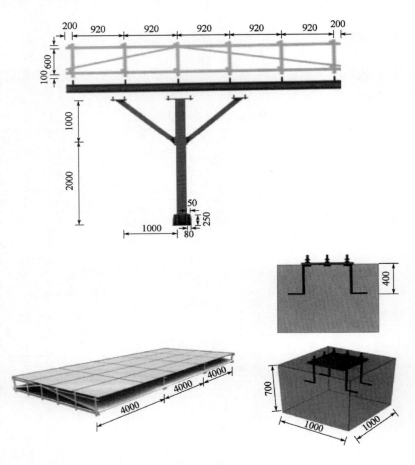

图 2-107　防护棚示意图(一)(尺寸单位:mm)

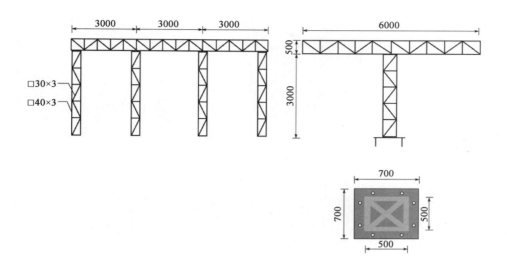

图 2-108　防护棚示意图(二)(尺寸单位:mm)

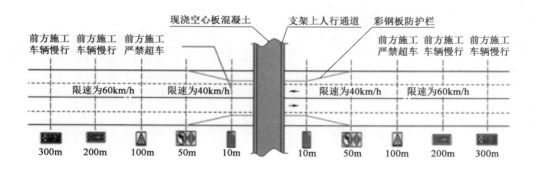

图 2-109　交通标线和标线布置示意图

2.10.4　安全防护设施现场图

跨线施工安全防护设施现场图如图 2-110～图 2-112 所示。

a) 俯视图

b) 侧视图

图 2-110　安全防护棚

a) 高度

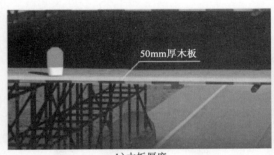

b) 木板厚度

c) 间隙

图 2-111 安全防护棚安全距离图

图 2-112 限高门架图

2.11 夜间施工

2.11.1 夜间施工安全防护设施配置标准化要点

夜间施工安全防护设施配置标准化要点见表 2-31。

		夜间施工安全防护标准化要点　　　　　　　　　　　　　表 2-31
序号	类别	配置要点
1	夜间施工	施工单位需要进行夜间施工时,应提前向监管单位申请夜间施工报备,未经监理工程师批准,不得进行夜间施工。
2		夜间施工临近声环境敏感区时,应采取必要措施,控制噪音不得超出当地政府部门许可标准。
3		夜间施工时,施工单位应加大巡查力度,严格落实主要负责人带班制度;施工易撞部位、交叉路口、临边洞口等区域应加强防护与监管,严禁无关人员及车辆进入施工现场。
4		施工单位应加强对反光标志标牌、反光设施的管理与维护,损坏的及时更换。
5		基坑内应设置人员专用上下通道。
6		雷雨、大风等极端恶劣天气时严禁夜间施工,同一区域应避免夜间交叉作业。
7		人员集中场所,应配备应急照明设施。

2.11.2　安全防护设施目录

夜间施工安全防护设施目录见表 2-32。

	夜间施工安全防护设施目录	表 2-32
功能类别	名　　称	配 置 要 求
夜间施工	固定围栏	★
	警示标识牌	★
	照明设施	★
	反光警示标志	★
	夜间警示灯	★
	上下通道	★
	施工车辆尾部反光膜	★
	反光衣	★
★表示应配备。		

2.11.3　夜间施工安全防护示意图

夜间施工安全防护示意图如图 2-113 所示。

图 2-113　夜间照明设备及反光警示标志

2.11.4 夜间施工安全设施现场图

夜间施工安全防护设施现场图如图 2-114 所示。

图 2-114　夜间警示灯

3 路基路面工程

3.1 路基工程

3.1.1 安全防护设施配置标准化要点

路基工程安全防护设施配置标准化要点见表 3-1。

路基工程安全防护设施配置标准化要点　　　　表 3-1

序号	类别	配置要点
1	通用要求	施工现场作业区应设置完善的警示标牌,拉警戒线,作业期间应有现场人员监护管理
2		作业人员正确穿戴劳动防护用品
3		边缘地段上作业的机械应采取防止机械倾覆、边坡坍塌的安全措施,应设有明显的警示标志
4	边坡工程	边坡工程应按设计要求逐级开挖或逐级防护
5		边坡工程应及时设置截、排水设施,靠近交通要道作业时应设置隔离、防护措施
6		按要求开展边坡稳定性监测
7		滑坡地段施工,应设置位移观测桩
8		高陡边坡施工时,作业人员应系安全带,穿防滑鞋
9	土石方工程	爆破作业前应设置符合要求的警戒区
10		施工现场由专人指挥
11		临边设置警示锥桶、警示桩
12		施画网格线
13		施工机械与边缘的安全距离大于 50cm
14		施工机械横向、纵向保持安全距离
15		路堑开挖时,应设置临时排水装置。堑顶迎水面应设挡水埝或截水沟
16	防护工程	高度超过 2m 的砌筑作业应搭设脚手架
17		作业人员通过带护笼的直梯进出
18		绞车、绞绳、吊斗、卷扬机等起吊设备应装设限位器和防脱钩装置
19		挡土墙施工应设警戒区
20		挡土墙施工前,应清除岩面松动石块,整平墙背坡面
21		搭设作业平台,临边设置防护栏杆,作业平台下方设置牢固的支撑结构
22		材料运输通道与人行通道分开设置
23		施工作业下方进行围挡,禁止非作业人员进入
24		施工现场设置安全警示教育牌
25		边坡施工宜进行无线监测
26		挂网锚喷防护时应搭设安全作业平台
27	排水工程	高边坡截水沟施工应设置防作业人员坠落设施
28		渗井随挖随支,停止施工或完成后应加盖封闭
29	软基处理	强夯作业区封闭管理应设置安全警示标志,布设彩旗进行围挡,安排专人负责统一指挥,禁止非作业人员进入
30		振沉砂桩或碎石桩作业灌料斗下方不应站人
31		夯机顶部应设置避雷设施
32		埋设传感器监测临近建(构)筑物的沉降

续上表

序号	类别	配置要点
33	软基处理	夯机远离高压线
34		施工场地及机械行走范围的承载力应满足相应的要求,并保持平整
35	取、弃土场	取土场周围,施工期间应设置防护栏杆,并在醒目位置设"施工重地 闲人免进""取土坑危险 禁止游泳"等警告标志
36		取土场(坑)底部应设置排水设施
37		取土场地上有架空线路时,应按规定对杆线采取有效保护措施
38		土石方运输车辆在陡坡、高坡、填方边坡处卸料时,与边缘应保持安全距离。同时现场应设专人指挥,指挥人员应穿反光背心
39		弃土场弃土不应影响排洪、通航,禁止在靠近桥墩台、涵洞口、路堑上方弃土

3.1.2 安全防护设施目录

路基工程安全防护设施目录见表3-2。

路基工程安全防护设施目录 表3-2

功能类别	名称	配置要求
路基工程安全防护设施	警示标牌	★
	位移观测桩	★
	安全作业平台	★
	避雷针	√
	安全带	★
	防护手套	★
	防护鞋	★
	防尘口罩和防尘面罩	☆
	护目镜	☆
	传感器	☆
	安全帽	★
	排水设施	★
	脚手架	★
	无线监测系统	√

注:★表示应配备;☆表示宜配备;√表示可以选择配备。

3.1.3 安全防护设施示意图

安全防护设施示意图如图3-1～图3-3所示。

3.1.4 安全防护设施现场图

安全防护设施现场图如图3-4和图3-5所示。

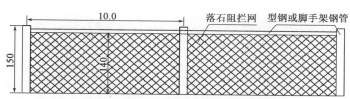

落石阻拦网

一延米普通落石阻拦网材料数量表

名称	规格	单位	数量
尼龙网	5cm×5cm	m²	1.5
槽钢	10号	cm	270

一延米加强型落石阻拦网材料数量表

名称	规格	单位	数量
钢丝网	2.5cm×2.5cm	m²	1.5
槽钢	15号	cm	270

注：
1. 图中尺寸单位均以厘米计。
2. 普通落石阻拦网立柱一般采用10号槽钢制作，阻拦网一般采用5cm×5cm孔径的尼龙网。加强型阻拦网立柱一般采用15号以上槽钢制作，阻拦网采用2.5cm×2.5cm孔径钢丝网。

图 3-1　普通落石阻拦网示意图

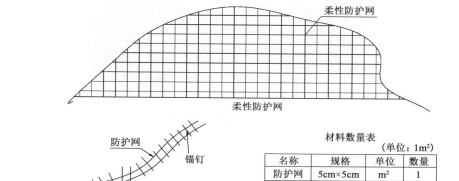

材料数量表
（单位：1m²）

名称	规格	单位	数量
防护网	5cm×5cm	m²	1
φ16锚钉	25cm	根	2

注：
1. 本图仅为示意。
2. 防护网可购买成品，锚钉在施工现场采用φ16螺纹钢制作即可。

图 3-2　柔性防护网示意图

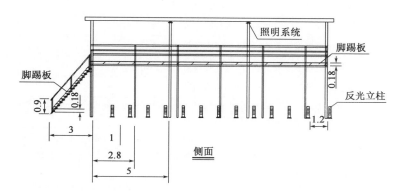

图 3-3　沥青路面卸料车篷布安装操作平台立面示意图（尺寸单位：m）

图 3-4　沥青路面卸料车篷布安装操作平台现场图

图 3-5　路基作业施工安全防护设施现场图

3.2　路面工程

3.2.1　安全防护设施配置标准化要点

路面工程安全防护设施配置标准化要点见表 3-3。

路面工程安全防护设施配置标准化要点　　表 3-3

序号	类　别	配　置　要　点
1		切缝、刻纹作业时,作业区两端应进行围挡,设置反光警示标志
2		路面摊铺机、压实机械等设备夜间停放应有反光警示装置
3		作业区域应设置警戒线、警示标志及隔离设施等
4		拌和站爬梯应设安全网,沥青拌和设备应安装防尘设施
5	通用作业	材料运输通道与人行通道应分开设置
6		在通车道路上施工或夜间作业时,应采取限速、导流及渠化等措施,交通指挥人员和上路作业人员应按规定穿着安全反光标志服或反光背心
7		摊铺机、拌和楼、储油罐、配电房、发电机房等重要施工设备应配备消防设施
8		作业区两端应设置防护栏杆;单幅施工完成后应设置路栏或水马;半幅施工区与行车道之间应设水马、锥形标、防撞桶等
9		施工现场卸料、摊铺及碾压时应有专人指挥,协调各机械操作手、施工人员之间的相互配合,并保持安全距离

续上表

序号	类别	配置要点
10	基层与底基层	非作业人员进入碾压区,确需人员进入的施工区域内,应安排专人监护
11		消解石灰,浸水过程中投料、翻拌,相邻作业人员应远避或采取个体防护措施
12		整平和摊铺作业应临时封闭交通、设置警示标志,下承层内各类检查井口应稳固封盖
13		混凝土路面施工中未全断面封闭时,在车辆驶出、驶入前方,应设置指示方向和减速慢行标志,同时在行车道和施工区之间设置明显隔离带
14		隧道内基层施工时,作业区前后应设置明显隔离措施,并安装反光警示标志和警示灯
15	沥青面层	喷洒前应做好检查井、闸井、雨水口的安全防护
16		摊铺作业应设专人指挥、调度,非作业人员不应进入摊铺作业区
17		沥青储存地点应配备灭火器、消防砂等消防设施,或设置警示标志
18		沥青拌和站应配备灭火器、消防砂等消防设施
19		铺设沥青面层时,作业人员应佩戴好安全防护用品,做好防火、防烫伤措施
20	水泥混凝土面层	切缝、刻槽作业范围应设警戒区
21		摊铺作业布料机与振平机应保持安全距离
22		养护前,现场预留的雨水口、检查井口等孔洞应盖牢,并设"施工重地 闲人免进""注意安全"等安全标志,不应随意挪动安全标志和防护设施

3.2.2 安全防护设施目录

路面工程安全防护设施目录见表3-4。

路面工程安全防护设施目录 表3-4

功能类别	名称	配置要求
路面工程安全防护设施	安全帽	★
	安全带	★
	反光衣	★
	防护服	★
	防护手套	★
	防护鞋	★
	防尘口罩和防尘面罩	★
	警示牌	★
	灭火器	★
	倒车系统	☆
	摊铺机摄像系统	☆
	防撞系统	☆

注:★表示应配备;☆表示宜配备。

3.2.3 安全防护设施现场图

安全防护设施现场图如图3-6~图3-9所示。

图 3-6　交叉路口施工作业现场标志牌

图 3-7　沥青罐区的围挡及警示　　　　图 3-8　路面施工防撞系统

图 3-9　路面施工监控系统

4 桥梁工程

4.1 钻孔灌注桩

4.1.1 安全防护设施配置标准化要点

钻孔灌注桩安全防护设施配置标准化要点见表 4-1。

钻孔灌注桩安全防护设施配置标准化要点　　　表 4-1

序号	类别	配置要点
1	通用安全	场内墩位间转移旋挖钻机时,应预先检查转移线路或施工现场应设专人指挥
2		施工前检查钻机,钻机安设应平稳、牢固,电缆线不得浸泡于泥浆,接头应绑扎牢固,不得透水、漏电
3		进行施工场地平整
4		泥浆池进行围挡
5		施工作业区域设警戒区及安全警示标志
6		泥浆池周围设防护栏和警示标志
7	机械安全	施工作业前对钻机进行检查
8		打桩机应设置夹轨器
9		回转钻机钻杆提升装置应设置限位器
10		钻机皮带转动部位应设置防护罩
11		在高压线下桩基施工应满足安全距离规定,钻机塔顶和吊钢筋笼的起重机桅杆顶上方2m内不准有任何架空障碍物
12		使用的电缆线应是橡胶防水电缆
13	孔口防护	桩基成孔后,孔口应立即进行覆盖防护并设置"小心坠落"等昼夜醒目的安全警示标志
14		孔口设置防护栏杆或"["形围挡
15	水上作业	水上作业平台周围设防护围栏和救生设施
16		陆域沉桩后,应及时夹桩,低于地面的桩孔或不高于地面0.8m的管桩应设置安全护栏或盖板,并设置安全警示标志

4.1.2 安全防护设施目录

钻孔灌注桩安全防护设施目录见表 4-2。

钻孔灌注桩安全防护设施目录　　　表 4-2

功能类别	名称	配置要求
钻孔灌注桩	安全帽	★
	反光背心	★
	救生圈、救生衣	√
	防滑、防坠落措施	★
	固定防护围栏、过塑钢丝网	★
	孔口护筒顶盖或安全网遮罩	★

续上表

功能类别	名　　称	配置要求
钻孔灌注桩	钻机皮带转动部位应设置防护罩	★
	保险绳夹	★
	备用交、直流电源	★
	应急电源	★
	事故照明/应急照明设施	★
	漏电保护装置	★
	橡胶防水电缆	★
	绝缘手套、绝缘鞋、护目镜、面罩	★
	灭火器	★
	夹桩	★
	安全警示标志、标牌	★

注：★表示应配备；√表示可以选择配备。

4.1.3　安全防护设施示意图

防护栏杆示意如图 4-1 所示。

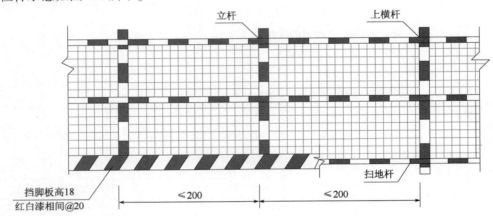

注：临边采用红白或黄黑反光漆@20cm涂装钢管+防护网，下方通行时加挡脚板。

图 4-1　防护栏杆示意图（尺寸单位：cm）

4.1.4　安全防护设施现场图

钻孔灌注桩安全防护设施现场图如图 4-2 所示。

图 4-2　桩基孔口防护

4.2 人工挖孔桩

4.2.1 安全防护设施配置标准化要点

人工挖孔桩安全防护设施配置标准化要点见表4-3。

人工挖孔桩安全防护设施配置标准化要点　　　　　　表4-3

序号	类　别	配　置　要　点
1	通用安全	施工作业区域设警戒区及安全警示标志
2		傍山地段进行挖孔桩作业前,应仔细检查和清除陡坡上的浮石,宜设置防滚石措施,雨后应检查边坡的稳定情况,并完善截排水措施
3		夜间作业设夜间警示装置
4		挖孔桩作业时应持续通风,并配备气体浓度检测仪器,至少每2h检测一次有毒、有害气体及含氧量
5	安全防护板	当挖孔至5m以下时,应在孔底上3m左右处的护壁上设置半圆形防护板,防护板固定牢靠
6	孔口防护	人工挖孔桩孔口护壁应高出地面30cm以上,井口硬化宽度不小于60cm,孔口设置防护栏杆和安全警示标牌
7		桩基成孔后,孔口应立即进行覆盖防护并设置"小心坠落"等昼夜醒目的安全警示标志
8		桩孔内应设防水带罩灯照明,应采用安全电压及防水绝缘电缆

4.2.2 安全防护设施目录

人工挖孔桩安全防护设施目录见表4-4。

人工挖孔桩安全防护设施目录　　　　　　表4-4

功能类别	名　　称	配置要求
人工挖孔桩	安全帽	★
	反光背心	★
	安全带	★
	有毒有害气体检测仪	★
	通风设备	★
	供氧防毒面具	★
	降尘设施	∨
	氧气瓶、急救用品	☆
	防滚石措施	★
	孔口30cm高护圈及排水沟	★
	固定防护围栏、过塑钢丝网	★
	安全软爬梯	★
	安全防护钢筋井盖	★
	井下半圆形防护板	★
	防雨棚	☆
	防倾覆措施	★
	限位器及防脱装置	★

续上表

功能类别	名　　称	配置要求
人工挖孔桩	备用交、直流电源	★
	应急电源	★
	安全矿灯或应急灯	★
	100W 防水带罩灯泡	★
	漏电保护装置	★
	橡胶防水电缆	★
	绝缘手套、绝缘鞋、护目镜、面罩	★
	灭火器	★
	安全警示标志标牌	★
	防水带罩灯	★

注：★表示应配备；☆表示宜配备；√表示可以选择配备。

4.2.3 安全防护设施现场图

人工挖孔桩安全防护设施现场图如图 4-3 所示。

图 4-3　钢筋井盖平面图

4.3 深基坑

4.3.1 安全防护设施配置标准化要点

深基坑安全防护设施配置标准化要点见表 4-5。

深基坑安全防护设施配置标准化要点　　　表 4-5

序号	类别	配置要点
1	深基坑	深度超过 2m 的基坑施工，应设置临边防护栏杆，基坑防护栏距坑边距离应大于 0.5m
2		基坑深度超过 5m 的，应有专项支护设施
3		基坑施工应设置有效的排水设施
4		基坑内应设置人员专用上下通道
5		深基坑四周距基坑边缘不小于 1m 处应设立钢管护栏，挂密目式安全网，靠近道路侧应设置安全警示标志和夜间警示灯带

4.3.2 安全防护设施目录

深基坑安全防护设施目录见表4-6。

深基坑安全防护设施目录 表4-6

功能类别	名　　称	配置要求
深基坑安全防护设施	安全帽	★
	反光背心	★
	安全带	★
	有毒有害气体检测仪	★
	降尘设施	√
	氧气瓶、急救用品	☆
	防滚石措施	★
	固定防护围栏、过塑钢丝网	★
	安全软爬梯	★
	防倾覆措施	★
	备用交、直流电源	★
	应急电源	★
	漏电保护装置	★
	橡胶防水电缆	★
	绝缘手套、绝缘鞋、护目镜、面罩	★
	灭火器	★
	安全警示标志标牌	★
	支护设施	★
	排水设施	★
	上下通道	★

注：★表示应配备；☆表示宜配备；√表示可以选择配备。

4.3.3 安全防护设施示意图

深基坑安全防护设施示意如图4-4～图4-6所示。

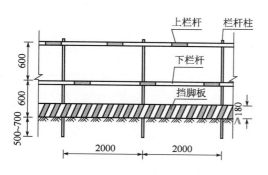

图4-4 基坑防护栏杆示意图（尺寸单位：mm）

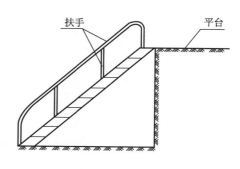

图4-5 专用人员上下通道示意图

图 4-6　夜间警示灯示意图

4.3.4　安全防护设施现场图

深基坑安全防护设施现场图如图 4-7 所示。

图 4-7　基坑支护现场图

4.4　沉井和围堰

4.4.1　安全防护设施配置标准化要点

沉井和围堰安全防护设施配置标准化要点见表 4-7。

沉井和围堰安全防护设施配置标准化要点　　表 4-7

序号	类别	配 置 要 点
1	通用要求	作业人员应正确穿戴救生衣、安全帽、安全带、防滑鞋等安全防护用品
2		高处临边防护栏加挂安全网或采取全封闭措施
3	沉井	下沉前,应对周边的建(构)筑物或施工设备采取防护措施
4		下沉过程中,应对邻近建(构)筑物、地下管线进行监测
5		沉井模板在混凝土强度达到拆模要求后方可拆模
6		筑岛施工需采取防冲刷措施
7		按要求安设直爬梯或梯道预埋件,井室内悬挂钢梯或安全绳
8		沉井顶面上的机具设置防护挡板
9		搭设沉井封底作业平台

续上表

序号	类别	配置要点
10	围堰	通航水域的围堰应根据需要设置防止船舶撞击的设施
11		围堰应设置航行标志和警示灯
12		作业船上应设置警示标志
13		高处临边防护栏加挂安全网或采取全封闭措施
14		围堰平台拆除后,应及时设置防护栏杆
15		钢套箱就位后,箱顶应设置人行通道,人行通道应满铺并设置防护栏杆

4.4.2 安全防护设施目录

沉井和围堰安全防护设施目录见表4-8。

沉井和围堰安全防护设施目录 表4-8

功能类别	名称	配置要求
沉井安全防护设施	安全帽	★
	反光背心	★
	救生圈、救生衣	√
	安全梯和防坠落保险绳	★
	有害气体检测仪	√
	导航船、导航标志	√
	固定防护栏杆、安全网	★
	防护隔离设施	★
	工具袋(较大的工具应系保险绳)	★
	避雷装置	★
	防暑降温措施	★
	休息凉棚	☆
	安全隔离电源	★
	电源、照明及防触电措施	★
	备用交、直流电源	★
	应急电源	★
	便携式配电盘、施工配电集装箱	★
	集中广式照明	★
	漏电保护装置	★
	橡胶防水电缆	★
	绝缘手套、绝缘鞋、护目镜、面罩	★
	易燃易爆品仓库	★
	乙炔瓶阀出口处配置专业减压器和回火防止器	★
	氧气瓶减压器上应配备安全阀	★
	气瓶防震圈	★
	灭火器	★
	安全警示标志标牌	★

续上表

功能类别	名　　称	配置要求
围堰安全防护设施	安全帽	★
	反光背心	★
	救生圈、救生衣	√
	安全梯和防坠落保险绳	★
	备用逃生通道	★
	限负荷装置	★
	保险钢丝绳、防松脱的保护装置	★
	固定防护栏杆、安全网	★
	导航船、导航标志	√
	工具袋（较大的工具应系保险绳）	★
	通风设备、防毒面具及呼吸滤清器	☆
	防暑降温措施	★
	休息凉棚	☆
	安全隔离电源	★
	电源、照明及防触电措施	★
	备用交、直流电源	★
	应急电源	★
	便携式配电盘、施工配电集装箱	★
	集中广式照明	★
	漏电保护装置	★
	橡胶防水电缆	★
	绝缘手套、绝缘鞋、护目镜、面罩	★
	易燃易爆品仓库	★
	乙炔瓶阀出口处配置专业减压器和回火防止器	★
	氧气瓶减压器上应配备安全阀	★
	灭火器	★
	安全警示标志标牌	★
	防撞击设施	★

注：★表示应配备、☆表示宜配备、√表示可以选择配备。

4.4.3　安全防护设施示意图

沉井和围堰安全防护设施示意如图4-8所示。

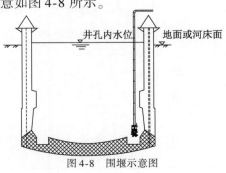

图4-8　围堰示意图

4.4.4 安全防护设施现场图

沉井和围堰安全防护设施现场图如图 4-9、图 4-10 所示。

图 4-9　沉井施工防护现场图

图 4-10　围堰施工现场图

4.5　承台与墩台

4.5.1　安全防护设施配置标准化要点

承台与墩台安全防护设施配置标准化要点见表 4-9。

承台与墩台安全防护设施配置标准化要点　　　　　　　　　表 4-9

序号	类别	配置要点
1	通用要求	作业人员应正确穿戴安全帽、安全带、防滑鞋等安全防护用品
2		设置警戒区域、警示牌及安全围栏，做好临边防护
3		严格检查脚手架的强度、刚度和稳定性，并根据不同高度设置缆风绳、附墙件等防倾覆设施
4		作业平台应铺满跳板和踢脚板，并紧固，减少探头杆件数量
5		挂架、模板的提升操作应由专人统一指挥
6		吊装前检查钢丝绳、吊具及安全装置
7		桥墩作业区域下方设置防护栏杆，设置安全通道，并悬挂安全警示标志
8		依据安全技术规范，根据墩高设置人行梯，并设安全护网
9		高处作业设工具箱
10		配备灭火器等消防设施
11		作业吊篮应满足荷载要求，周边防护满足要求
12		模板工程应设置防倾覆设施
13	墩台	高墩施工中高处作业应设置操作平台，其净宽不小于 80cm
14		墩身钢筋绑扎高度超过 6m 应采取临时固定措施
15		索塔施工中，通往索塔人行通道的上方应设防护棚
16		施工前，应设置安全爬梯
17		高墩翻模、爬模随升安全护栏应采用定制钢护栏，护栏高度不小于 1.5m，并配置消防器材

4.5.2 安全防护设施目录

承台与墩台安全防护设施目录见表 4-10。

承台与墩台安全防护设施目录　　　　　　　　　表 4-10

功能类别	名　　　称	配置要求
承台安全防护设施	安全帽	★
	反光背心	★
	救生圈、救生衣	√
	安全带	√
	缆风绳	√
	固定防护栏杆、安全网	★
	高处作业平台	★
	带护笼的直爬梯或"之"字形爬梯	★
	场地硬化、四周设置排水沟	√
	工具袋（较大的工具应系保险绳）	★
	防暑降温措施	★
	休息凉棚	☆
	安全隔离电源	★
	电源、照明及防触电措施	★
	备用交、直流电源	★
	应急电源	★
	便携式配电盘、施工配电集装箱	★

续上表

功能类别	名　　称	配 置 要 求
承台安全防护设施	集中广式照明	★
	漏电保护装置	★
	橡胶防水电缆	★
	绝缘手套、绝缘鞋,护目镜、面罩	★
	乙炔瓶阀出口处配置专业减压器和回火防止器	★
	氧气瓶减压器上应配备安全阀	★
	气瓶防震圈	★
	安全警戒线及警示标志	★
墩台安全防护设施	安全帽	★
	反光背心	★
	救生圈、救生衣	√
	安全带	★
	缆风绳	√
	固定防护栏杆、安全网	★
	高处作业平台	★
	护栏模板安装吊篮	★
	带护笼的直爬梯或"之"字形爬梯	★
	附着式施工电梯	√
	场地硬化、四周设置排水沟	√
	工具袋(较大的工具应系保险绳)	★
	防暑降温措施	★
	模板、钢筋骨架防倾覆措施	★
	导航船、导航标志	√
	安全隔离电源	★
	电源、照明及防触电措施	★
	备用交、直流电源	★
	应急电源	★
	便携式配电盘、施工配电集装箱	★
	集中广式照明	★
	漏电保护装置	★
	橡胶防水电缆	★
	绝缘手套、绝缘鞋、护目镜、面罩	★
	易燃易爆品仓库	★
	乙炔瓶阀出口处配置专业减压器和回火防止器	★
	氧气瓶减压器上应配备安全阀	★
	气瓶防震圈	★
	灭火器	★
	安全警戒线及警示标志	★

注:★表示应配备;☆表示宜配备;√表示可以选择配备。

4.5.3 安全防护设施示意图

承台与墩台安全防护设施示意如图4-11、图4-12所示。

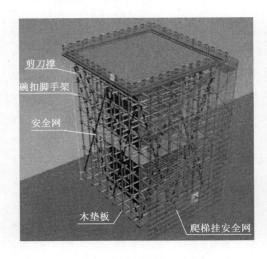

图4-11 钢管脚手架示意图　　　　　图4-12 装配式防护架示意图

4.5.4 安全防护设施现场图

承台与墩台安全防护设施现场图如图4-13~图4-16所示。

图4-13 承台钢套箱临边防护　　　　图4-14 墩柱施工现场图

图4-15 高墩施工安全通道　　　　　图4-16 定型化模板操作平台

4.6 梁体与桥面

4.6.1 安全防护设施配置标准化要点

梁体与桥面安全防护设施配置标准化要点见表 4-11。

梁体与桥面安全防护设施配置标准化要点　　　　表 4-11

序号	类别	配置要点
1	通用要求	起重作业前应对起重设备及钢丝绳进行检查,设置溜绳
2		施工前应安装视频监控系统
3		桥面焊接作业时,应设有防火措施和防焊渣坠落措施
4		梁体湿接缝处应采取防小构件、物件坠落措施
5		桥面伸缩缝安装应分别左、右幅交替封闭交通施工,并设置安全警示及交通指引标志
6	个体防护	作业人员应正确佩戴个人防护用品
7		作业人员在墩顶行走应设母索
8		安装大型盆式橡胶支座,盖梁顶应设母索
9	架梁作业	梁段装车、装船运输应平稳安放,梁段与车、船之间应安装防倾覆固定装置
10		停止作业的架桥机应临时锚固
11	警示区及标志	梁、板安装及架桥机移动过孔期间,作业区域下方应设置警戒区
12		设置警戒区域、警示牌、安全爬梯及安全围栏和安全网,做好临边防护
13		桥面预留孔洞周围应设有护栏和警示标志

4.6.2 安全防护设施目录

梁体与桥面安全防护设施目录见表 4-12。

梁体与桥面安全防护设施目录　　　　表 4-12

功能类别	名称	配置要求
梁体安全防护设施	安全帽	★
	反光背心	★
	救生圈、救生衣	√
	母索	√
	安全带	★
	防风缆绳	★
	固定防护栏杆、安全网	★
	高处作业平台	★
	带护笼的直爬梯或"之"字形爬梯	★
	附着式施工电梯	√
	场地硬化、四周设置排水沟	√
	工具袋(较大的工具应系保险绳)	★
	防暑降温措施	★
	模板、钢筋骨架防倾覆措施	★

续上表

功能类别	名　称	配置要求
梁体安全防护设施	导航船、导航标志	√
	安全隔离电源	★
	电源、照明及防触电措施	★
	备用交、直流电源	★
	应急电源	★
	便携式配电盘、施工配电集装箱	★
	集中广式照明	★
	漏电保护装置	★
	橡胶防水电缆	★
	绝缘手套、绝缘靴、绝缘帽,护目镜、面罩	★
	易燃易爆品仓库	★
	乙炔瓶阀出口处配置专业减压器和回火防止器	★
	氧气瓶减压器上应配备安全阀	★
	灭火器	★
	安全警戒线及警示标志	★
	视频监控系统	☆
桥面安全防护设施	安全帽	★
	反光背心	★
	安全带	★
	防风缆绳	★
	固定防护栏杆、安全网	★
	高处作业平台	★
	带护笼的直爬梯或"之"字形爬梯	★
	附着式施工电梯	√
	场地硬化、四周设置排水沟	√
	工具袋(较大的工具应系保险绳)	★
	防暑降温措施	★
	模板、钢筋骨架防倾覆措施	★
	安全隔离电源	★
	电源、照明及防触电措施	★
	备用交、直流电源	★
	应急电源	★
	便携式配电盘、施工配电集装箱	★
	集中广式照明	★
	漏电保护、接地保护装置	★
	橡胶防水电缆	★
	绝缘手套、绝缘靴、绝缘帽,护目镜、面罩	★
	防烟尘口罩	★
	接火斗	★
	切割防火花挡板	★

续上表

功能类别	名称	配置要求
桥面安全防护设施	易燃易爆品仓库	★
	消防箱	★
	乙炔瓶阀出口处配置专业减压器和回火防止器	★
	氧气瓶减压器上应配备安全阀	★
	气瓶防震圈	★
	灭火器	★
	安全警戒线及警示标志	★
	水平防护网(防落物装置)	★
	碎渣、废物收集装置	★
	视频监控系统	★

注:★表示应配备;☆表示宜配备;√表示可以选择配备。

4.6.3 安全防护设施示意图

梁体与桥面安全防护设施示意如图4-17~图4-19所示。

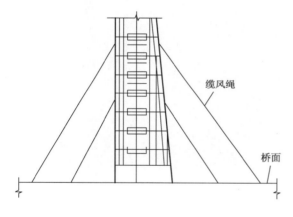

图4-17 桥面安全防护示意图(一)

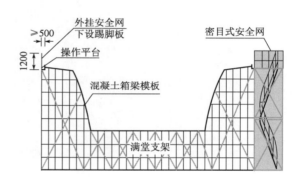

图4-18 桥面安全防护示意图(二)(尺寸单位:mm)

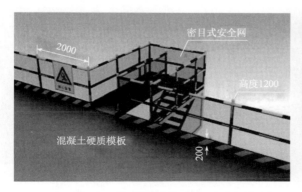 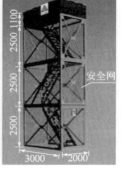

图4-19 桥面临边支护及侧面安全爬梯示意图(尺寸单位:mm)

4.6.4 安全防护设施现场图

梁体与桥面安全防护设施现场图如图4-20~图4-28所示。

图 4-20 盖梁高处作业安全施工图

图 4-21 支架现浇梁临边支护图

图 4-22 盖梁施工防护及施工爬梯

图 4-23 桥面临边支护

图 4-24 T 梁桥面湿接缝安全防护

图 4-25 桥面预留孔洞安全防护图

图 4-26 桥面单幅安全通道

图 4-27 桥梁作业区上下安全通道

图 4-28 安全母索

4.7 拱桥

4.7.1 安全防护设施配置标准化要点

拱桥安全防护设施配置标准化要点见表 4-13。

拱桥安全防护设施配置标准化要点　　　　表 4-13

序号	类别	配置要点
1	拱桥	作业人员按规定正确穿戴安全帽、安全带、防滑鞋等个体防护用品
2		砌筑拱圈应搭设脚手架和作业平台
3		设置警戒区域、警示牌及安全围栏，做好临边防护
4		扣塔上应设缆风绳
5		拱肋上铺设防滑软梯，架设栏杆
6		起重机纵、横移轨道上应配备止轮器

4.7.2 安全防护设施目录

拱桥安全防护设施目录见表 4-14。

拱桥安全防护设施目录　　　　　　　　　表 4-14

功能类别	名　　称	配置要求
拱桥安全防护设施	安全帽	★
	安全带	★
	救生衣	★
	防护手套	★
	防滑鞋	★
	防护栏	★
	警示牌	★
	防护网	★
	防滑软梯	★
	脚手架	★
	缆风绳	★
	视频监控系统	★
	灭火器	★

注：★表示应配备。

4.7.3　安全防护设施示意图

拱桥安全防护设施示意如图 4-29、图 4-30 所示。

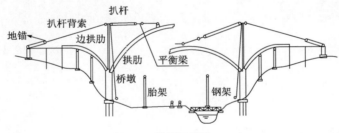

图 4-29　拱桥示意图（一）

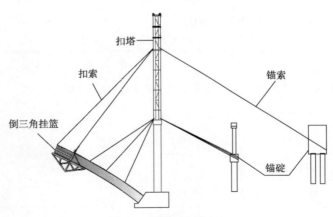

图 4-30　拱桥示意图（二）

4.7.4　安全防护设施现场图

拱桥安全防护设施现场图如图 4-31 所示。

图 4-31 缆索吊装法

4.8 斜拉桥

4.8.1 安全防护设施配置标准化要点

斜拉桥安全防护设施配置标准化要点见表 4-15。

斜拉桥安全防护设施配置标准化要点 表 4-15

序号	类别	配置要点
1	斜拉桥	作业人员按规定正确穿戴安全帽、安全带、防滑鞋等个体防护用品
2		设置警戒区域、警示牌及安全围栏,围栏外侧应挂满安全网,做好临边防护
3		按要求设置缆风绳
4		高处作业及交叉作业要做好安全防护
5		结合施工特点配置消防器材
6		箱梁内作业时,做好安全防护措施
7		索塔要安装避雷设施
8		塔腔内设安全通道
9		斜拉索施工时,下方禁止其他作业,地面设警戒区域,派专人看守
10		浇筑混凝土前,按设计要求设置挂篮锚固、水平限位、吊带等部件
11		支架焊接、栓接作业设置牢固的作业平台
12		钢箱梁悬拼过程中,箱梁内应保持通风,箱梁内照明应使用安全电压

4.8.2 安全防护设施目录

斜拉桥安全防护设施目录见表 4-16。

斜拉桥安全防护设施目录 表 4-16

功能类别	名称	配置要求
斜拉桥安全防护设施	安全帽	★
	安全带	★
	救生衣	★
	防护手套	★
	防滑鞋	★

续上表

功能类别	名　称	配置要求
斜拉桥安全防护设施	防辐射背心	√
	防护栏	★
	警示牌	★
	防护网	★
	安全通道	★
	避雷针	★
	脚手架	★
	缆风绳	★
	视频监控系统	★
	灭火器	★

注:★表示应配备;√表示可以选择配备。

4.8.3　安全防护设施示意图

斜拉桥安全防护设施示意如图 4-32 所示。

图 4-32　斜拉桥示意图

4.8.4　安全防护设施现场图

斜拉桥安全防护设施现场图如图 4-33、图 4-34 所示。

图 4-33　斜拉桥施工现场图

图 4-34　防抛网

4.9　悬索桥

4.9.1　安全防护设施配置标准化要点

悬索桥安全防护设施配置标准化要点见表 4-17。

悬索桥安全防护设施配置标准化要点　　　　表 4-17

序号	类别	配置要点
1	悬索桥	作业人员按规定正确穿戴安全帽、安全带、防滑鞋等个体防护用品
2		设置警戒区域、警示牌及安全围栏，做好临边防护
3		按要求设置缆风绳
4		猫道外侧应设置扶手绳以及密目钢丝网
5		开孔位置四周要设警示标志及围挡
6		索股安装要牢固，索股牵引过程中要监控
7		猫道上摆放索夹的位置处应铺设木板
8		采用拖轮牵引先导索施工，拖力满足牵引技术要求，施工期间封航
9		吊运物体时，作业人员不应沿主缆顶面行走

4.9.2　安全防护设施目录

悬索桥安全防护设施目录见表 4-18。

悬索桥安全防护设施目录　　　　表 4-18

功能类别	名称	配置要求
悬索桥安全防护设施	安全帽	★
	安全带	★
	救生衣	★
	防护手套	★
	防滑鞋	★
	防辐射背心	√
	防护栏	★
	警示牌	★

续上表

功能类别	名称	配置要求
悬索桥安全防护设施	密目钢丝网	★
	安全通道	★
	扶手绳	★
	避雷针	★
	缆风绳	★
	视频监控系统	★
	灭火器	★

注：★表示应配备；√表示可以选择配备。

4.9.3 安全防护设施示意图

悬索桥安全防护设施示意如图4-35、图4-36所示。

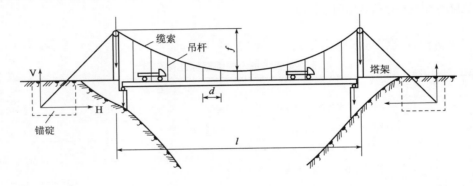

图4-35 悬索桥示意图

图4-36 悬索桥猫道安全防护示意图

4.9.4 安全防护设施现场图

悬索桥安全防护设施现场图如图4-37所示。

4 桥梁工程

图 4-37 悬索桥现场施工图

5 隧道工程

5.1 洞口作业

5.1.1 安全防护设施配置标准化要点

洞口作业安全防护设施配置标准化要点见表 5-1。

洞口作业安全防护设施配置标准化要点　　　　表 5-1

序号	类别	配置要点
1	洞口	作业人员应正确穿戴劳动保护用品
2		洞口边坡进行支护,设置临时防排水设施
3		隧道洞口进行24h值班,人员出入隧道进行登记,实行封闭式管理
4		洞口设置人行通道、车行道,做到人车分离通行
5		设施风险告知牌
6		1km以上隧道宜配置电子门禁系统和电子监控系统
7		陡峭、高边坡的洞口应设置安全棚、防护栏杆或安全网
8		洞口施工应对边、仰坡变形的监测
9		明洞开挖前,洞顶及四周应设防水、排水设施
10		在洞口和洞内醒目位置设置限速标志;洞口开挖区域周围应设置安全围栏、防护网和人员上下梯道
11		洞口场地应设置围墙或围栏,洞口明显位置应设隧道重大风险源、限速、严禁烟火等相应警示牌

5.1.2 安全防护设施目录

洞口作业安全防护设施目录见表 5-2。

洞口安全防护设施目录　　　　表 5-2

功能类别	名称	配置要求
洞口施工安全防护设施	安全帽	★
	安全带	★
	反光衣	★
	防护手套	★
	防护鞋	★
	防护栏	★
	警示牌	★
	隧道人员追踪感应器	☆
	门禁系统	★
	防水、排水设施	★

注:★表示应配备;☆表示宜配备。

5.1.3 安全防护设施示意图

洞口作业安全防护设施示意如图 5-1 所示。

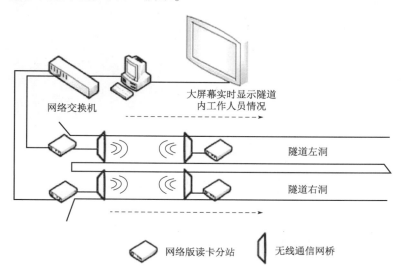

图 5-1 隧道人员安全管理系统拓扑图

5.1.4 安全防护设施现场图

洞口作业安全防护设施现场图如图 5-2～图 5-4 所示。

图 5-2 隧道洞口门禁系统现场图

图 5-3 隧道人员追踪感应器

图 5-4 隧道入口安全通道

5.2 开挖作业

5.2.1 安全防护设施配置标准化要点

开挖作业安全防护设施配置标准化要点见表 5-3。

开挖作业安全防护设施配置标准化要点　　　　表 5-3

序号	类别	配置要点
1	开挖	悬挂"隧道施工风险等级告知牌"
2		采用先进的凿岩设备
3		台车周边设置反光贴,悬挂安全警示标志,台车上应设置消防器材
4		开挖作业面安排专人指挥作业人员
5		设置通风管道
6		隧道开挖掌子面至二次衬砌之间应设置逃生通道
7		隧道爆破施工时,应设置警戒线,并在洞口放置"前面放炮,禁止通行"的警示标牌
8		对于地质条件较差地段,全断面法施工时应对围岩进行超前支护或预加固
9		隧道主体混凝土浇筑台车作业平台,应设置防护栏杆
10		隧道施工区域,钻孔台车应安装防护彩灯或反光标志
11		瓦斯隧道应使用具有防爆性能的机械设备
12		隧道内有毒有害气体监测设备
13		洞渣装卸作业处应设置"当心车辆　禁止停留"等标志
14		在围岩地质复杂地段,应对凿岩台车主要部位采取加固措施、设置特殊防护装置
15		钻孔前,应由专人对开挖作业面安全状况和施工人员安全防护进行检查

5.2.2 安全防护设施目录

开挖作业安全防护设施目录见表 5-4。

开挖作业安全防护设施目录   表 5-4

功能类别	名称	配置要求
开挖作业安全防护设施	安全帽	★
	安全带	★
	反光衣	★
	防护手套	★
	作业台车	★
	安全照明电压变压器	★
	通风管	★
	瓦斯检测仪	√
	防护鞋	★
	防护栏	★
	应急指示灯	★
	消防器材	★
	警示牌	★

注:★表示应配备;√表示可以选择配备。

5.2.3 安全防护设施示意图

开挖作业安全防护设施示意如图 5-5 ~ 图 5-7 所示。

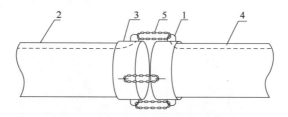

1-钢丝绳;2-通道主体;3-加强护层;4-攀爬绳;5-铁链

图 5-5 逃生管道示意图(一)

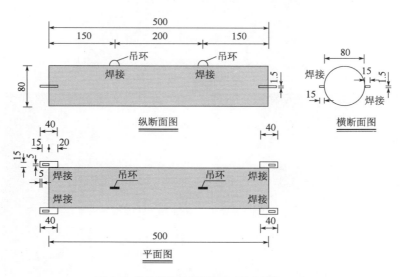

图 5-6 逃生管道示意图(二)(尺寸单位:mm)

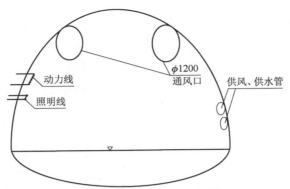

图 5-7　通风管道布设示意图(尺寸单位:mm)

5.2.4　安全防护设施现场图

开挖作业安全防护设施现场图如图 5-8～图 5-11 所示。

图 5-8　隧道逃生救援通道现场图

图 5-9　隧道施工安全防护现场图

图 5-10　自行液压式抑拱线桥

图 5-11 雾炮机除尘

5.3 支护与衬砌

5.3.1 安全防护设施配置标准化要点

支护与衬砌安全防护设施配置标准化要点见表 5-5。

支护与衬砌安全防护设施配置标准化要点　　　　表 5-5

序号	类别	配 置 要 点
1	支护与衬砌	支护和衬砌使用工作台车平台应满铺,应设安全防护栏、爬梯、防滑等设施
2		当工作台车两侧悬臂可伸缩时,伸缩杆(梁)上应设置有效的限位装置
3		隧道内二次衬砌台车和工作台车上应安装灯带及反光标识,并在两侧防护栏杆外侧配挂全反光材料制作的安全警示牌
4		隧道衬砌施工属于高处作业,应遵守高处作业的相关操作规程
5		衬砌钢筋安装应临时支撑,临时支撑应牢固可靠,并有醒目的安全警示标志;钢筋焊接作业时在防水板一侧应设阻燃挡板
6		围岩自稳程度差的地段应先进行超前支护、预加固处理
7		喷射混凝土施工人员应佩戴防尘口罩、防护眼镜等防护用具
8		锚孔钻进作业时,应保持钻机及作业平台稳定牢靠,除钻机操作人员外还应安排至少一人协助作业,施工人员应佩戴安全带、安全帽、防护眼罩等防护用品
9		衬砌台车应按规定设置防溜车装置,液压支撑应有锁定装置

5.3.2 安全防护设施目录

支护与衬砌安全防护设施目录见表 5-6。

支护与衬砌安全防护设施目录　　　　表 5-6

功能类别	名　　称	配置要求
支护与衬砌安全防护设施	安全帽	★
	安全带	★
	防护手套	★
	灭火器	★
	安全照明电压变压器	★

续上表

功能类别	名　　称	配置要求
支护与衬砌 安全防护设施	防滑鞋	★
	防护栏	★
	警示牌	★
	防护网	★
	安全爬梯	★
	配电箱	★
	防尘口罩	★
	防护眼镜	★
	隧道安全预警系统	☆

注：★表示应配备；☆表示宜配备。

5.3.3　安全防护设施示意图

支护与衬砌安全防护设施示意如图 5-12、图 5-13 所示。

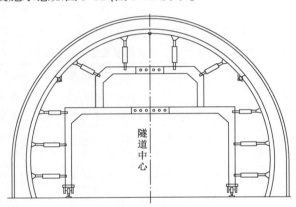

图 5-12　开挖台车示意图

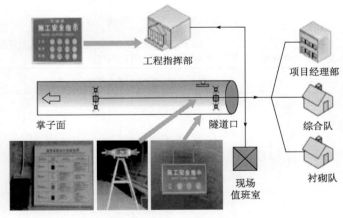

图 5-13　隧道安全预警系统

5.3.4　安全防护设施现场图

支护与衬砌安全防护设施现场图如图 5-14 所示。

图 5-14　隧道内人车通道分离

5.4　竖井与斜井

5.4.1　安全防护设施配置标准化要点

竖井与斜井安全防护设施配置标准化要点见表 5-7。

竖井与斜井安全防护设施配置标准化要点　　　表 5-7

序号	类　别	配　置　要　点
1	竖井与斜井	施工前修整好井口附近的排水沟、截水沟
2		竖井施工时应配置备用发电机和抽排水能力大于预计排水量 120% 的抽排水设施
3		竖井口应设防雨设施，井口周围应设置防护栏和安全门
4		在井口明显部位应设置防坠落、防触电、防机械伤害等标志标牌
5		竖井井架应安装避雷装置
6		斜井一侧应设 1m 宽的人行道供进出施工人员行走
7		斜井行车一侧应设防止制动失灵的摩擦垫（如汽车外胎等）
8		有轨运输井口应设置挡车器，设专人管理
9		斜井提升设备应设置防止过卷装置、防止过速装置、限速器、深度指示器、警铃、常用闸和保险闸等保险装置
10		井口应配置井盖
11		井口应设防雨设施，通向井口的轨道应设挡车器
12		井口周围应设防护栏杆和安全门，防护栏杆的高度不小于 1.2m

5.4.2　安全防护设施目录

竖井与斜井安全防护设施目录见表 5-8。

竖井与斜井安全防护设施目录　　　表 5-8

功能类别	名　称	配置要求
竖井与斜井安全防护设施	安全帽	★
	安全带	★
	防护手套	★
	防滑鞋	★
	防护栏	★
	警示牌	★

续上表

功能类别	名　　称	配置要求
竖井与斜井 安全防护设施	应急指示灯	★
	摩擦垫	★
	安全照明电压变压器	★
	防护网	★
	安全爬梯	★
	配电箱	★
	排水设施	★
	避雷针	★
	挡车器	★

注：★表示应配备。

5.4.3　安全防护设施现场图

竖井与斜井安全防护设施现场图如图 5-15～图 5-17 所示。

图 5-15　竖井与斜井现场图

图 5-16　逃生通道现场图（斜井开挖时期）

图 5-17　隧道通风设计现场图

5.5　TBM 施工

5.5.1　安全防护设施配置标准化要点

TBM 施工安全防护设施配置标准化要点见表 5-9。

TBM 施工安全防护设施配置标准化要点　　表 5-9

序号	类　别	配　置　要　点
1	TBM 施工	隧道贯通时前,应做好出洞场地、洞口段的加固。贯通面前区域应设置安全警戒,禁止人员入内
2		施工运输机车应安装警铃、电喇叭等警示装置
3		吊装作业应选用合理的钢丝绳和吊点
4		安装通风设施
5		掘进过程中,应采取防止螺旋输送机发生喷涌的措施
6		小半径曲线段隧道施工,应实施防止 TBM 配套台车和编组列车脱轨或倾覆的措施
7		大坡度地段,机车和机后配套台车应设置防溜装置
8		小净距隧道施工前,应加固隧道间土体,隧道内应支设钢支撑

5.5.2　安全防护设施目录

TBM 施工安全防护设施目录见表 5-10。

TBM 施工安全防护设施目录　　表 5-10

功 能 类 别	名　　称	配　置　要　求
TBM 施工安全防护设施	安全帽	★
	安全带	★
	防护手套	★
	防滑鞋	★
	防护栏	★
	警示牌	★
	应急指示灯	★
	摩擦垫	★
	安全照明电压变压器	★

续上表

功能类别	名称	配置要求
TBM施工安全防护设施	防护网	★
	安全爬梯	★
	通风设施	★
	配电箱	★

注：★表示应配备。

5.5.3 安全防护设施现场图

TBM施工安全防护设施现场图如图5-18～图5-22所示。

图5-18 TBM组装调试

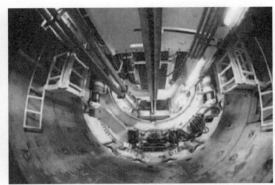
图5-19 TBM掘进

图5-20 TBM支护与衬砌施工

图5-21 TBM到达掘进

图5-22 TBM拆卸

6 改扩建工程

6.1 路基工程改扩建

6.1.1 安全防护设施配置标准化要点

路基工程改扩建安全防护设施配置标准化要点见表6-1。

路基工程改扩建安全防护设施配置标准化要点　　　　表6-1

序号	类别	配置要点
1	施工交通组织	拆除原有隔离栅时应同步在施工限界内新增隔离栅或利用既有隔离栅进行连续封闭
2		拆除原路侧波形梁护栏前应及时安装临时护栏
3		应及时调整路侧设置的交通标志及施工标志
4	路基挖方	路边坡开挖前应清理坡面松动石块和浮土,做好排水措施
5		高边坡开挖应自上而下分层开挖,开挖一级防护一级
6		高边坡开挖在临近既有边坡脚处,应设置排架、彩钢板、安全网等安全防护措施
7		临近既有滑坡地段开挖前,应按设计要求提前做好既有边支挡防护
8		现原有路基边塌方、边坡滑坡等现象时,应及时封闭交通,设置警示灯、警示标志
9	路基填方	宜设置错车道,在急弯、陡坡、连续转弯、与既有道路交叉路口等危险路段应设置警示标志和防护措施
10		既有路基边坡台阶应采用机械开挖,开挖一层、填筑一层,防止既有边坡坍塌
11		路基纵断面抬升施工支挡结构安装时可封闭临近保通车道,并设置安全警示标志与防倾覆设施
12		应做好施工机械和车辆防倾覆与防坠落措施
13		对有排水需求的旧路软基砂垫层、砂沟等,拼宽路基应设置相应的顺接排水设施
14	防护工程	既有路基支挡结构与防护设施应自上而下分层、分段拆除,不应一拆到底,可设置钢管排架、钢板桩等临时防护
15		边坡预应力锚索拆除宜预加固锚头封锚处,截断锚梁后及时采用主动网护坡
16		边坡预应力锚索解除锚索预应力作业前,应设置钢管排架等防护措施

6.1.2 安全防护设施目录

路基工程改扩建安全防护设施目录见表6-2。

路基工程改扩建安全防护设施目录　　　　表6-2

功能类别	名　称	配置要求
路基工程改扩建	安全帽	★
	反光衣	★
	防护服	★
	防护手套	★
	防护鞋	★
	防尘口罩和防尘面罩	★

续上表

功能类别	名　　称	配置要求
路基工程改扩建	隔离栅	★
	临时护栏	★
	交通标志	★
	施工标志	★
	排架、彩钢板、安全网	★
	边坡支挡防护	☆
	警示灯、警示标志	★
	防倾覆设施	☆
	钢管排架、钢板桩	√
	主动防护网	☆
	钢管排架	☆

★表示应配备；☆表示宜配备；√表示可以选择配备。

6.1.3　安全防护设施示意图

路基工程改扩建安全防护设施示意图如图6-1～图6-3所示。

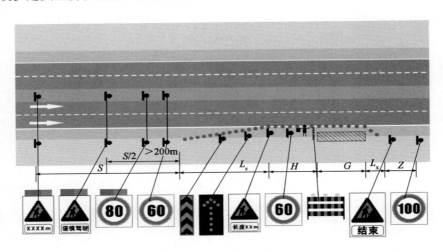

图6-1　封闭硬路肩的施工作业控制区布置示意图

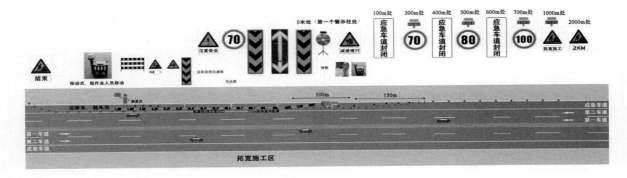

图6-2　可移动钢护栏安装交通组织示意图

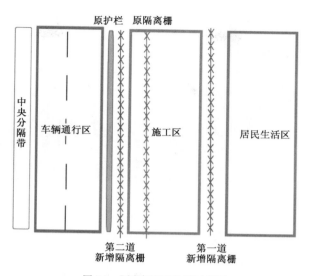

图 6-3　隔离栅双重防护示意图

6.1.4　安全防护设施现场图

路基工程改扩建安全防护设施现场图如图 6-4～图 6-8 所示。

图 6-4　深挖路堑段防护设施

图 6-5　隔离栅防护现场图

图 6-6 紧急出口现场图

图 6-7 路基施工防护现场图　　　　　　　图 6-8 隔离排架防护现场图

6.2 路面工程改扩建

6.2.1 安全防护设施配置标准化要点

路面工程改扩建安全防护设施配置标准化要点见表 6-3。

路面工程改扩建安全防护设施配置标准化要点　　表 6-3

序号	类别	配置要点
1	施工交通组织	路面拼宽施工后应及时施划临时交通标线
2		沥青上面层施工完成后应及时施划永久交通标线,设置其他交通安全设施
3		施工区域的压路机、装载机等设备宜安装倒车影像及倒车雷达报警器
4	路面拼接施工	施工现场出入口、沿线各交叉口等处应设明显警示、警告标志
5		施工机械设备停放区域应纵向两端设置围挡、四周设置警示灯
6		临时伸缩缝施工时应采取合理措施避免对通行车辆造成影响
7	沥青上面层施工	整平和摊铺作业时应封闭交通,设置明显警示标志,施工设备之间应保持安全距离
8		开挖下承层沟槽或施作伸缩缝应设置明显的安全警示标志
9		抬高段路面应设置纵向排水沟或排水设施,水不应侵入对向车道或加宽路基

6.2.2 安全防护设施目录

路面工程改扩建作业安全防护设施目录见表 6-4。

路面工程改扩建作业安全防护设施目录　　　　　　　表6-4

功能类别	名　称	配置要求
路面工程改扩建	安全帽	★
	反光衣	★
	防护服	★
	防护手套	★
	防护鞋	★
	防尘口罩和防尘面罩	★
	防护栏	★
	警示、警告标志	★
	倒车影像及倒车雷达报警器	★
	柔性防眩板	☆
	防误闯智能预警系统	☆
	中央分隔带临时固定装置	☆
	围挡	★
	警示灯	★
	排水沟或排水设施	★

注：★表示应配备；☆表示宜配备。

6.2.3 安全防护设施示意图

路面工程改扩建作业安全防护设施示意图如图6-9～图6-11所示。

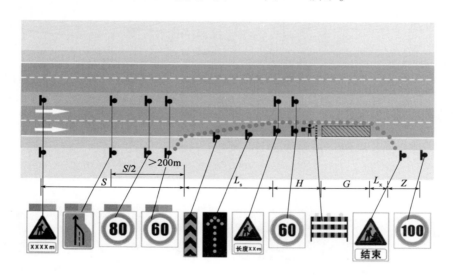

图6-9　封闭外侧车道施工示意图

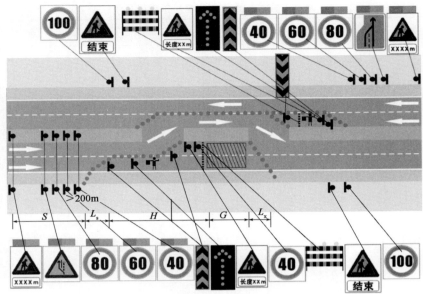

图 6-10　单向封闭施工作业控制区示意图

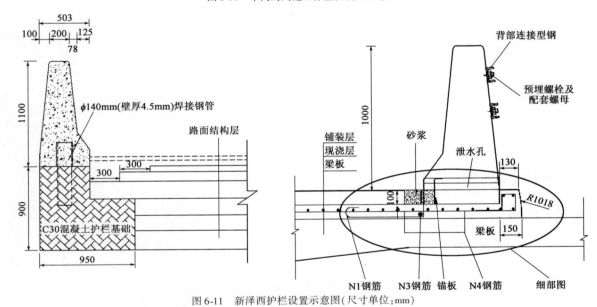

图 6-11　新泽西护栏设置示意图(尺寸单位:mm)

6.2.4　安全防护设施现场图

路面工程改扩建作业安全防护设施现场图如图 6-12～图 6-14。

图 6-12　路面施工交通组织现场图

图 6-13　路面施工现场防护图

图 6-14 360°全景倒车影像 + 防撞系统

6.3 桥梁工程改扩建

6.3.1 安全防护设施配置标准化要点

桥梁工程改扩建安全防护设施配置标准化要点见表 6-5。

桥梁工程改扩建安全防护设施配置标准化要点　　　　表 6-5

序号	类　别	配　置　要　点
1	施工交通组织	既有桥梁路侧防撞护栏拆除前应安装临时护栏,并及时调整路侧设置的交通标志及施工标志
2		临近高速公路施工作业的架桥机、钻孔设备等高大机械设备应采取防倾覆安全措施
3	桥涵拼宽施工	既有桥台锥坡开挖时宜及时采取钢板桩、锚喷、注浆等防护措施
4		下部结构施工临近坡体时,应采取加固、防排水等措施确保坡体稳定
5		涵洞施工时应减少对老涵洞的扰动,并按设计要求对施工过程进行监测
6	桥梁拆除施工	桥梁拆除前应对拆除区域两端进行封闭,并设置安全警示标志
7		拆除作业应提前设置有效、牢固的钢管架、防护网等防护措施
8		采用机械破碎法拆除前,应沿桥梁周围设置警戒线
9		合龙段解除前应根据拆除方案设置必要的临时支撑以及安全防护措施
10		桥梁拆除过程应按设计要求对跨中、墩顶等关键部位进行施工过程监控
11	桥梁重(新)建施工	采用分段或分块切割吊装的方式拆除时,梁体分块分解前应搭设可靠的承重支架
12		独柱墩桥梁或曲线桥梁切割拆除时,应按计算结果在重心偏移侧设置临时支撑
13		临近既有高速公路跨线桥墩(台)采取机械破碎拆除前,应采取钢管架、防护网、彩钢板等安全防护措施
14		采用爆破法拆除时应采取缓冲措施,防止对既有高速公路及周围环境造成损害
15		正在作业的涵洞要设置醒目标志,禁止人员通行
16		可利用既有封闭网作为物理隔离防护,并在既有封闭网外侧挂警示标志
17		应在涵洞既有道路醒目位置处设置提醒指示标志牌,提醒过往人员车辆使用附近的同功能涵洞
18	桥涵加固改造	应在既有高速桥面设置安全警示标志等防护设施
19		临近坡体和既有建(构)筑物时,应采取防排水、支挡等防护措施,并进行过程监测
20		换填施工前宜采取增加临时支撑刚性支撑等措施防止台背土方坍塌或倾覆
21		既有桥梁承载能力不满足行车安全的,应采取封闭交通、限载或者设置临时支撑保护等措施
22		混凝土箱梁及混凝土桥面铺装凿除、凿毛和植筋等作业时,应采取降温防尘措施

6.3.2 安全防护设施目录

桥梁工程改扩建安全防护设施目录见表6-6。

桥梁工程改扩建安全防护设施目录　　　　表6-6

功能类别	名　　称	配置要求
桥梁工程改扩建	安全帽	★
	反光衣	★
	防护服	★
	防护手套	★
	防护鞋	★
	防尘口罩和防尘面罩	★
	警示标志标牌	★
	防倾覆安全措施	★
	钢板桩、锚喷、注浆	☆
	监测设施	★
	钢管架、防护网	★
	临时支撑	★
	承重支架	★
	钢管架、防护网、彩钢板	★
	缓冲措施	★
	隔离防护	★
	排水、支挡	☆
	临时支撑刚性支护	☆
	降温防尘措施	★

注：★表示应配备；☆表示宜配备。

6.3.3 安全防护设施示意图

桥梁工程改扩建安全防护设施示意图如图6-15～图6-17所示。

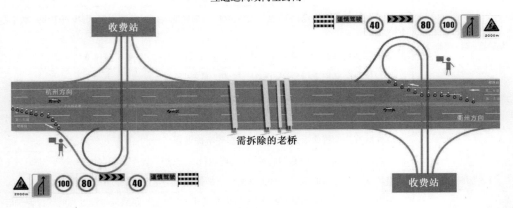

图6-15　老桥拆除封闭互通示意图

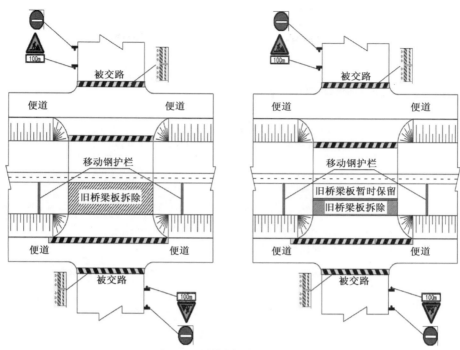

图 6-16　老桥拆除安全防护示意图

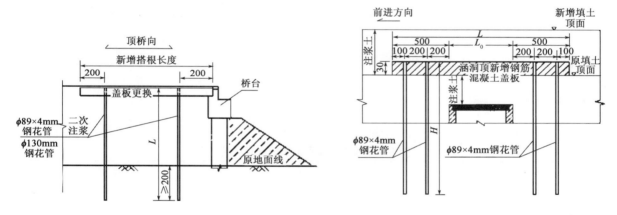

图 6-17　桥台及涵洞顶加固示意图（尺寸单位：mm）

6.3.4　安全防护设施现场图

桥梁工程改扩建安全防护设施现场图如图 6-18、图 6-19 所示。

图 6-18　上跨桥施工安全防护现场图

图 6-19　桥梁拼接施工防护现场图

6.4 隧道工程改扩建

6.4.1 安全防护设施配置标准化要点

隧道工程改扩建安全防护设施配置标准化要点见表6-7。

隧道工程改扩建安全防护设施配置标准化要点　　　　表6-7

序号	类别	配置要点
1	施工交通组织	从既有隧道向新建隧道进行横向洞室开挖时应封闭交通
2		增建隧道与既有隧道为小净距时,应结合实际情况进行交通管制,并设置必要的安全防护设施
3	隧道增建	应按设计要求对临近既有隧道裂缝等必要项目进行监测
4		应按设计要求控制爆破振速
5		隧道洞口段采用爆破方式开挖的,应采取控制爆破技术并监测附近既有高速建(构)筑物沉降和位移
6	既有隧道拆除	既有隧道拆除前应按设计要求对拱顶上部土石方对称均衡开挖
7		既有隧道爆破拆除前,应进行钻爆设计
8		隧道爆破拆除作业时,应采取有效措施保护既有建(构)筑物
9	既有隧道加固	施工前应对既有隧道内的灯具、风机、监控设备等进行预加固
10		既有隧道加固作业需要背后注浆时,应采取相应措施防止破坏二次衬砌结构
11		隧道改造施工应保护隧道设施、设备不受损坏
12		根据计算和监测数据确定二次衬砌拆除进尺,并采取有效预支护措施

6.4.2 安全防护设施目录

隧道工程改扩建安全防护设施目录见表6-8。

隧道工程改扩建安全防护设施目录　　　　表6-8

功能类别	名称	配置要求
隧道工程改扩建	安全帽	★
	反光衣	★
	防护服	★
	防护手套	★
	防护鞋	★
	防尘口罩和防尘面罩	★
	防护栏	★
	警示牌	★
	监测设施	★
	预加固措施	★
	预支护措施	☆

注:★表示应配备;☆表示宜配备。

6.4.3 安全防护设施示意图

隧道工程改扩建安全防护设施示意图如图6-20、图6-21所示。

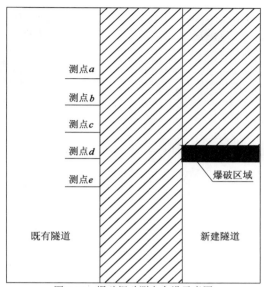

图 6-20 爆破振动测点布设示意图

图 6-21 隧道施工监测示意图

6.4.4 安全防护设施现场图

隧道工程改扩建安全防护设施现场图如图 6-22 ~ 图 6-26 所示。

图 6-22 隧道加固施工防护设施现场图

图 6-23 隧道施工洞门爆破防护

图 6-24 隧道近邻施工防护

图 6-25 既有隧道内进行爆破监测

图 6-26 隧道爆破施工封道现场图

参 考 文 献

[1] 中华人民共和国国家标准.GB/T 11651—2008 个体防护装备选用规范[S].北京:中国标准出版社,2009.
[2] 中华人民共和国行业标准.JGJ 311—2013 建筑深基坑工程施工安全技术规范[S].北京:中国建筑工业出版社,2014.
[3] 中华人民共和国行业标准.JGJ 59—2011 建筑施工安全检查标准[S].北京:中国建筑工业出版社,2012.
[4] 中华人民共和国行业标准.JTG F90—2015 公路工程施工安全技术规范[S].北京:人民交通出版社,2015.
[5] 卞国炎,倪良松,等.安徽省公路水运重点工程项目安全生产管理指南[M].3版.北京:人民交通出版社股份有限公司,2016.
[6] 广东省交通运输厅.广东省高速公路工程施工安全标准化指南[M].北京:人民交通出版社股份有限公司,2017.
[7] 交通运输部.高速公路路堑高边坡工程施工安全风险评估指南(试行)(交安监发〔2014〕266号).2014,12.
[8] 交通运输部.公路水路行业安全生产风险管理暂行办法(交安监发〔2017〕60号).2017,5.
[9] 交通运输部.公路水路行业安全生产隐患治理暂行办法(交安监发〔2017〕60号).2017,5.
[10] 交通运输部.公路水运工程安全生产监督管理办法(交通运输部令2017年第25号).2017,6.
[11] 交通运输部.公路水运工程平安工地建设管理办法(交安监发〔2018〕43号).2018,4.
[12] 交通运输部工程质量监督局.公路水运工程施工安全标准化指南[M].北京:人民交通出版社,2013.
[13] 中华人民共和国国务院.建设工程安全生产管理条例(国务院令第393号).2003,11.
[14] 中华人民共和国国务院.生产安全事故应急条例(国务院令第708号).2019,4.
[15] 住房和城乡建设部.危险性较大的分部分分项工程安全管理规定(住房和城乡建设部令2018年底37号).2018,3.